Impressum
Verlag: BABADADA GmbH, Nedderfeld 112 , 22529 Hamburg
Geschäftsführer / Verlagsleitung: Harald Hof
Druck: Books on Demand GmbH, In de Tarpen 42, 22848 Norderstedt

Imprint
Publisher: BABADADA GmbH, Nedderfeld 112 , 22529 Hamburg, Germany
Managing Director / Publishing direction: Harald Hof
Print: Books on Demand GmbH, In de Tarpen 42, 22848 Norderstedt, Germany

# ቤት-ትምህርቲ

# School

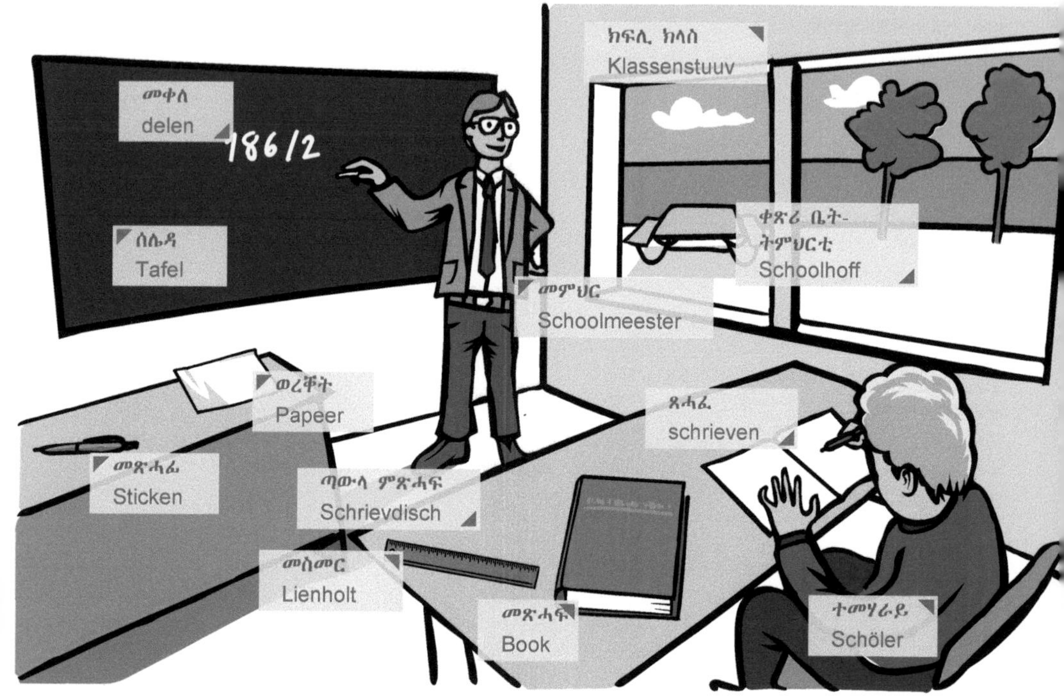
መቀለ
delen
186/2
ሰሌዳ
Tafel
ክፍሊ ክላስ
Klassenstuuv
ቀጽሪ ቤት-ትምህርቲ
Schoolhoff
መምህር
Schoolmeester
ወረቐት
Papeer
ጻሓፈ
schrieven
መጽሓፊ
Sticken
ጣውላ ምጽሓፍ
Schrievdisch
መስመር
Lienholt
መጽሓፍ
Book
ተመሃራይ
Schöler

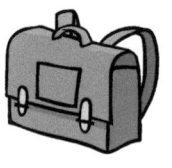

ሳንጣ ትምህርቲ

Ranzel

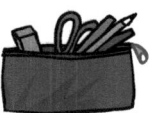

ሰፈር ብርዒ

Feddermapp

ርሳስ

Bleesticken

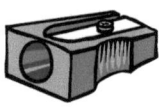

መብልሒ ርሳስ

Scharpmaker

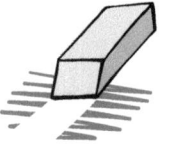

መደምሰሲ

Radeergummi

ጥራዝ ስእሊ

Tekenblock

ስእሊ

Teken

ብርሺ ቀለም

Pinsel

ቦክስ ቀለም

Malkassen

መቐስ

Scheer

መጣበቒ

Klever

ጥራዝ መላመዲ

Heft to'n Öven

ዕዮ ገዛ

Huusopgaav

**12**

ቁጽሪ

Tall

**2+2**

ወሰኸ

tohooptellen

**5-2**

ጎደለ

aftrecken

**2×2**

ረብሐ

malnehmen

ደመረ

reken

**A**

ፊደል

Bookstaav

**ABCDEFG HIJKLMN OPQRSTU VWXYZ**

ስርዓት ፊደላት

ABC

**hello**

ቃል

Woort

ጽሑፍ
Text

አንበበ
lesen

ኩርሽ
Kried

ሰዓት
Stunn

መዝገብ ክላስ
Klassenbook

መርመራ
Pröven

ሰርቲፊከት
Tüügnis

ድቢዛ ቤትትምህርቲ
Schooluniform

ትምህርቲ
Utbillen

ለክሲኮን
Nakieksel

ዩኒቨርሲቲ
Universität

ሚክሮስኮፕ
Mikroskop

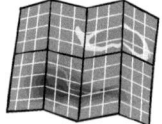

ካርታ
Koort

ጎሓፍ ወረቓት
Papeerkorf

# መገሻ

# Törn

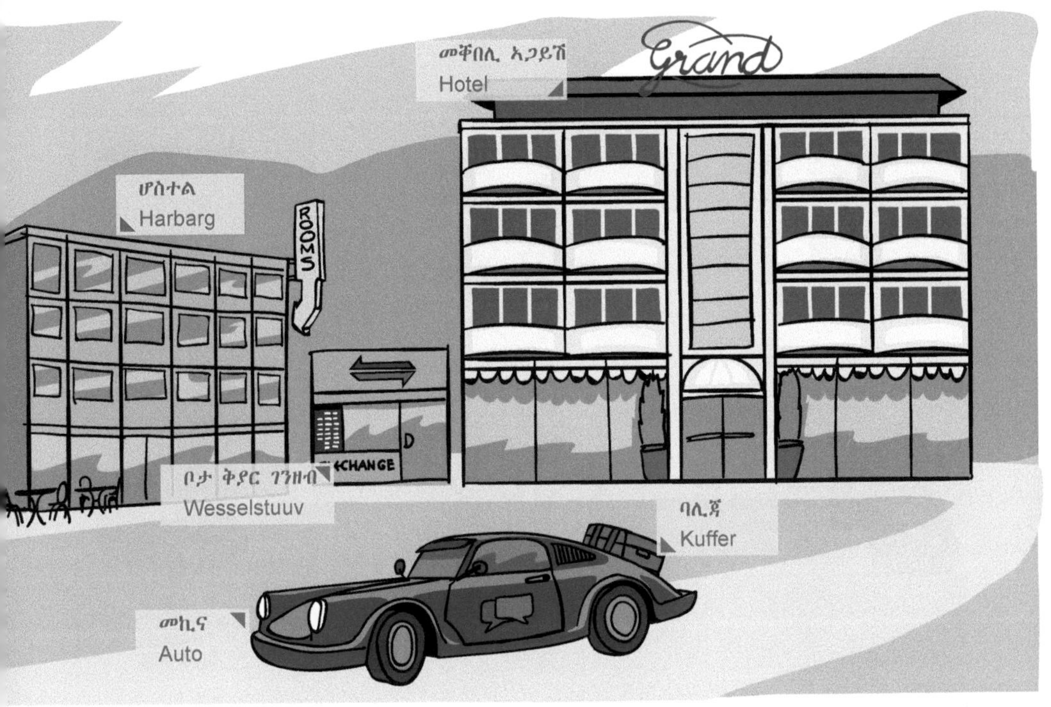

Grand
መቐበሊ ኣጋይሽ
Hotel
ሆስተል
Harbarg
ROOMS
ቦታ ቅያር ገንዘብ
Wesselstuuv
CHANGE
ባሊጃ
Kuffer
መኪና
Auto

ቋንቋ

Spraak

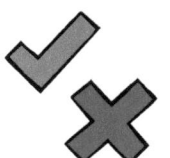

እወ / ኖ

jo / ne

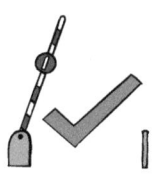

ሕራይ

Jo

ሰላም

Moin

ኣስተርጓሚ

Översetter

የቐንየለይ

Dank ok

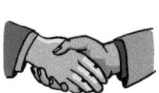

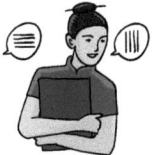

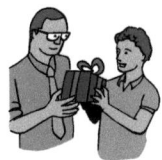

. . . ክንደይ ዋግኡ?

Wat kost...?

አይተረድአኹን

Ik verstah nich

ሽግር

Problem

ሰላም ምሸት!

Goden Avend

ከመይ ሓዲርካ

Moin!

ሰላም ለይቲ

Gode Nacht!

ደሓን ኩን

Tschüüs

አንፈት

Richt

ጉዓዝ

Bagaasch

ሳንጣ

Tasch

ሳንጣ ሕቖ

Rüchsack

ጋሻ

Gast

ክፍሊ

Stuuv

ክሻ መደቓሲ

Slaapsack

ቴንዳ

Telt

ሓበሬታ በጻሕቲ ሃገር
...........
Touristeninformatschoon

ገምገም ባሕሪ
...........
Strand

ክሬዲት ካርድ
...........
Kreditkoort

ቁርሲ
...........
Fröhstück

ምሳሕ
...........
Meddageten

ድራር
...........
Avendeten

ቲከት
...........
Fohrkort

ሊፍት
...........
Fohrstohl

ማሕተም ደብዳበ
...........
Breefmark

ዶብ
...........
Grenz

ድንና
...........
Toll

ኣምባሲ
...........
Bottschop

ቪዛ
...........
Visum

ፓስፖርት
...........
Pass

# መጓዓዝያ
# Transport

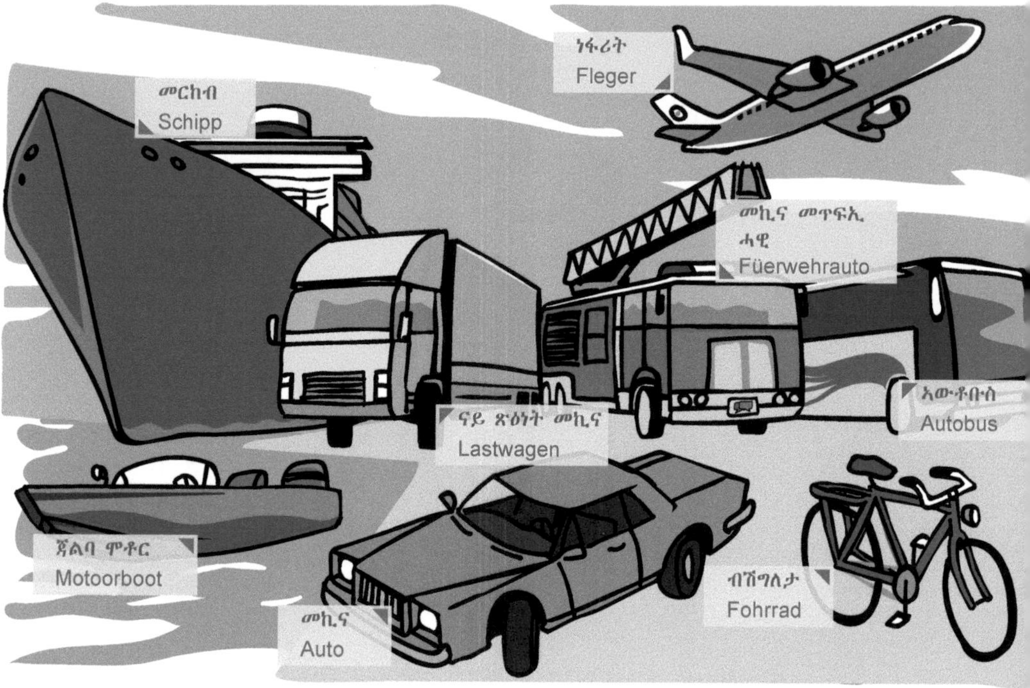

ነፋሪት
Fleger
መርከብ
Schipp
መኪና መጥፍኢ ሓዊ
Füerwehrauto
ኣውቶቡስ
Autobus
ናይ ጽዕነት መኪና
Lastwagen
ጃልባ ሞቶር
Motoorboot
ብሽግለታ
Fohrrad
መኪና
Auto


ፈሪ
Fähr

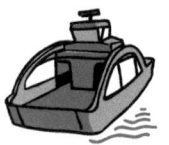

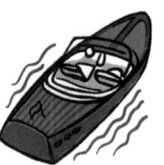

ጃልባ
Boot

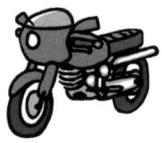

ሞቶ
Motoorrad

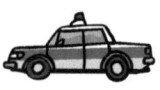

መኪና ፖሊስ
Polizeiauto

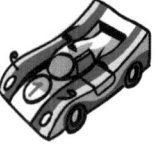

መኪና ቅድድም
Rönnauto

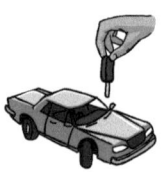

ክራይ መኪና
Lehnwagen

ምውፋይ መካይን
Carsharing

መወሰዲ መኪና
Afsleepwagen

መኪና ጎሓፍ
Müllauto

ሞቶር
Motoor

ነዳዲ
Kraftstoff

እንዳ ነዳዲ
Tanksteed

ምልክት ትራፊክ
Verkehrsschild

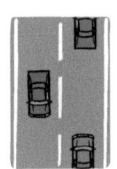

ትራፊክ
Verkehr

ምጭቅጫቕ ትራፊክ
Stau

መዕሸጊ መኪና
Afstellplatz

መዕረፊ ባቡር
Bahnhoff

ሓዲግ
Sporen

ባቡር
Tog

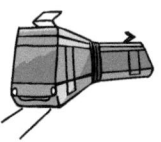

ትረም
Stratenbahn

ባጎኒ
Wagon

ሄሊኮፕተር
Dwarsmöhl

መዓረፊ ነፈርቲ
Flooghaven

ታወር
Tower

ተጓዓዚ
Fohrgast

ኮንተይነር
Grootkist

ሳንዱቕ ካርቶን
Karton

ኮርሳ ጽዕነት
Koor

ዘንቢል
Korf

ተበገሰ / ዓለበ
starten / lannen

# ከተማ

# Stadt

ቀሺት
Dörp

ማእከል ከተማ
Binnenstadt

ገዛ
Huus

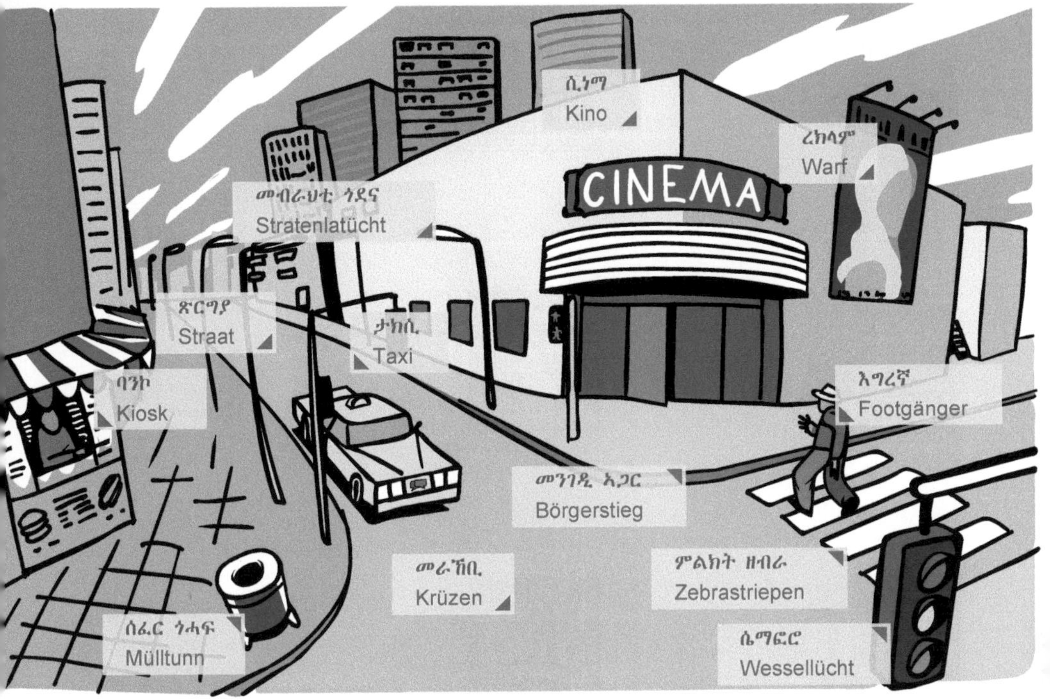

## Street scene illustration

ሲኒማ / Kino
ረክላም / Warf
መብራ-ህጣ ጎደና / Stratenlatücht
ጽርግያ / Straat
ታክሲ / Taxi
ባንኮ / Kiosk
እግረኛ / Footgänger
መንገዲ አጋር / Börgerstieg
መራ'ኽቢ / Krüzen
ምልክት ዘብራ / Zebrastriepen
ሰፈር ጎሓፍ / Mülltunn
ሴማፍር / Wessellücht

አጎዶ
................
Hütt

አፓርትመንት
................
Wahnung

መዕረፊ ባቡር
................
Bahnhoff

ቤት ምምሕዳር
................
Raathuus

ቤተ መዘክር
................
Museum

ቤት-ትምህርቲ
................
School

ዩኒቨርሲቲ

Universität

ባንክ

Bank

ሆስፒታል

Krankenhuus

መቐበሊ አጋይሽ

Hotel

ቤት መድሃኒት

Afteek

ቤት ጽሕፈት

Büro

ዱኳን መጽሓፍቲ

Bookhökerie

ዱኳን

Hökerie

ዱኳን ዕንባባ

Blomenhökerie

ሱፐርማርክት

Supermarkt

ዕዳጋ

Markt

ሹቕ

Koophuus

ነጋዳይ ዓሳ

Fischhökerie

ሹቕ

Inkoopszentrum

መርሳ

Haven

መዘናግዒ
Parkanlaag

ባንኪ
Bank

ድልድል
Brüch

መደያይቦ
Trepp

ባቡር ትሕቲ ምድሪ
Ünnergrundbahn

ቢንቶ
Tunnel

መዕረፊ ኣውቶቡስ
Busstoppsteed

ቤት መስተ
Bar

ቤት-መጋቢ
Spieslokal

ስታሪት
Breefkassen

ታቤላ
Stratenschild

ሰዓት ፓርኪንግ
Parkklock

መካን እንስሳታት
Deertenpark

መሓምበሲ
Baadanstalt

መስጊድ
Moschee

ቤት ሕርሻ

Buernhoff

ብከሳ

Ümweltversmudden

መቓበር

Karkhoff

ቤተክርስትያን

Kark

ቦታ ምጽዋት

Speelplatz

ቤት መቕደስ

Tempel

## ስእሊ መሬት

# Landschop

ስንጥሮ
............
Daal

ጎቦ
............
Barg

ቀላይ
............
See

ዱር
............
Holt

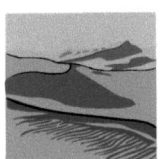

ምድረ በዳ
............
Wööst

እሳተ-ጎመራ
............
Füerspien Barg

ግምቢ
............
Slott

ቀስተ-ደመና
............
Regenbagen

ቃንጥሻ
............
Poggenstohl

ዓርኮብኮባይ
............
Palm

ጣንጡ
............
Steekmück

ሃመማ
............
Fleeg

ጻጻ
............
Miegeemk

ንህቢ
............
Imm

ሳሬት
............
Spinn

ሕንዚዝ

Sebber

ዕንቅርዖብ

Pogg

ምጽጹላይ

Katteker

ቅንፍዝ

Swienegel

ማንቲለ

Haas

ጉንጓ

Uul

ጭሩ

Vagel

ስዋን

Swaan

መፍለስ

Wildswien

ዓጋዝን

Hirsch

ሙስ

Elk

ግድብ

Staudamm

ተርባይን ንፋስ

Windrad

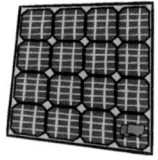

ሶላር ስርሓት

Solarmodul

ኩነታት ኣየር

Klima

ስእሊ መዝገበ - Landschop

# ቤት-መግቢ
# Spieslokal

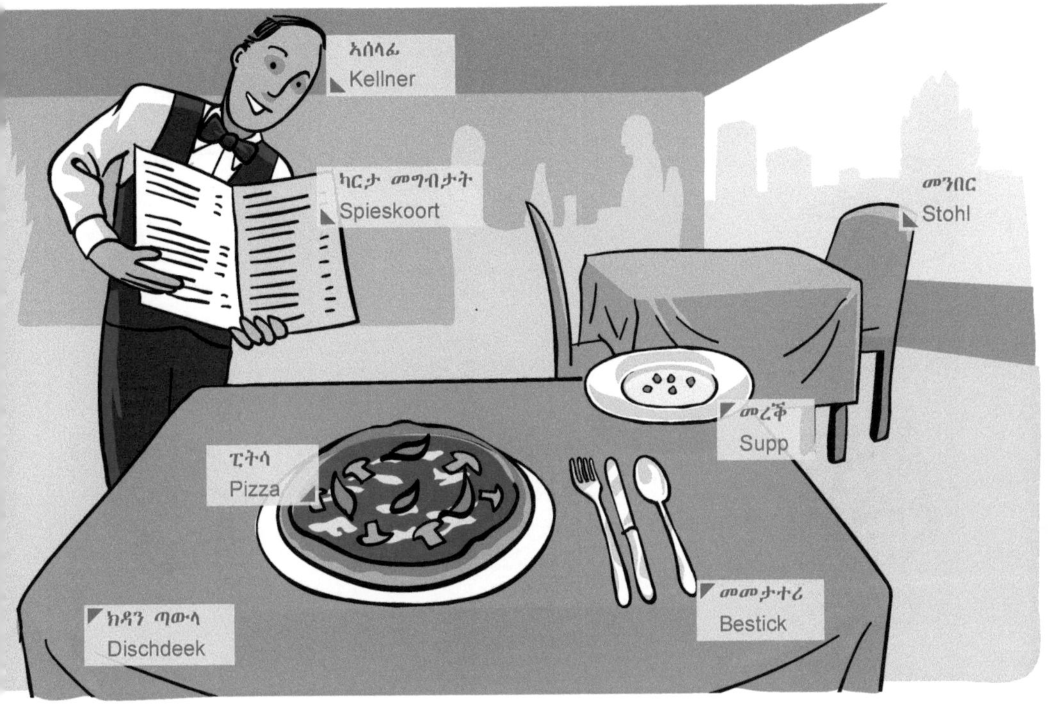
ኣሰላፊ
Kellner
ካርታ መግብታት
Spieskoort
መንበር
Stohl
መረቕ
Supp
ፒትሳ
Pizza
መመቃተሪ
Bestick
ክዳን ጣውላ
Dischdeek

ቅድመ ቀንዲ መግቢ

Vörspies

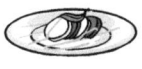

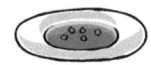

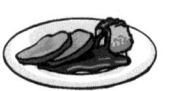

ቀንዲ መኣዲ

Haupteten

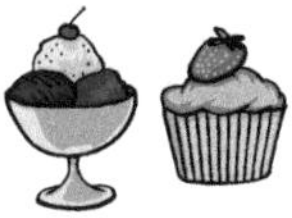

ድሕረ መግቢ

Nadisch

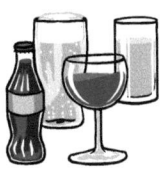

መስተ

Drünk

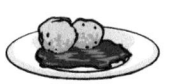

መግቢ

Eten

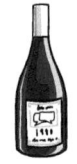

ጥርሙዝ

Buddel

ስሉጥ መግቢ

Fastfood

መግቢ ጽርግያ

Strateneten

ብርጭቆ ሻሂ

Teekann

ታኒካ ሽኮር

Zuckerdoos

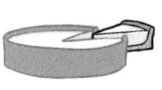

ክፋል

Portschoon

ማሺን ኤስፕረሶ

Espressomaschien

ነዊሕ መንበር

Hoochstohl

ጸብጸብ

Reken

ታብለት

Tablett

ካራ

Mess

ፋርከታ

Gavel

ማንካ

Lepel

ማንካ ሻሂ

Teelepel

ሰርቫየተ

Munddook

ብኬሪ

Glas

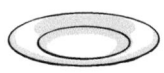

ሽሓኒ

Töller

ሽሓኒ መረቕ

Suppentöller

ትሕቲ ኩባያ

Ünnertass

ጸብሒ

Sooß

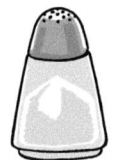

ወሃቢ ጨው

Soltstreuer

መጥሓን በርበረ

Pepermöhl

ኣቾቶ

Etig

ዘይቲ

Ööl

ቀመም

Krüder

ከቸፕ

Ketchup

ኣድሪ

Mostrich

ማዮነዝ

Mayonnaise

# ሱፐርማርክት

# Supermarkt

ወፈያ
Anbott
FOR
ዓሚል
Kunn
ፍርያታት ጸባ
Melkprodukten
ፍረታት
Aaft
ሰረገላ ዱኳን
Inkoopswagen

BUTCHERS

እንዳ ስጋ

Slachterie

BAKERY

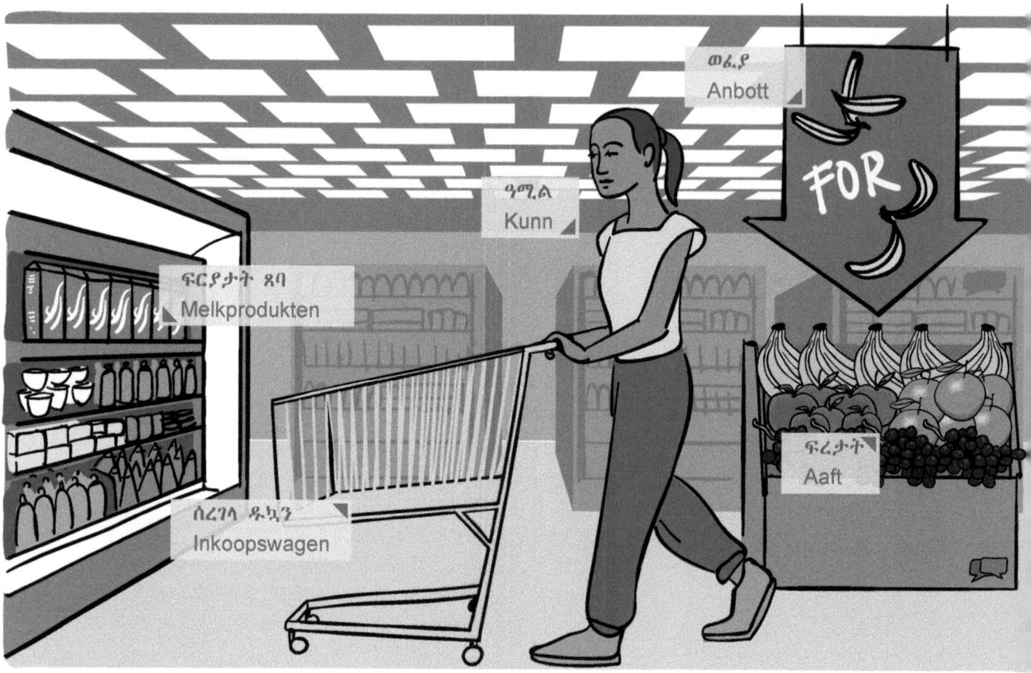

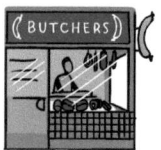

እንዳ ባኒ

Bäckerie

ክብደት

wegen

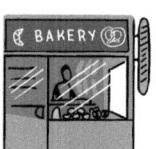

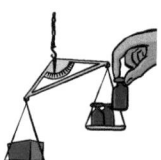

ኣሕምልቲ

Gröönsaken

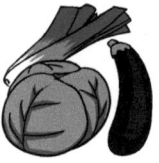

ስጋ

Fleesch

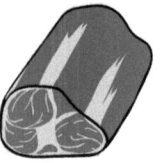

መግቢ ፍሪጅ በረድ

Deepköhlkost

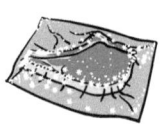

ዝሑል ቅሩብ መግቢ

Opsnitt

እስታጣላ

Konserven

አሞ

Waschmiddel

ምቁር መግቢ

Snoopkraam

ዘቤታውያን አቕሑ

Huushooltssaken

ናውቲ መጸረዩ

Reinmaaktüüch

ሸቃጣይ

Verköpersche

ካሳ

Kass

ተሓዛ ገንዘብ

Kasserer

ዝርዝር ምግዛእ

Inkoopslist

ክፉት ሰዓታት

Opsparrtieden

ማሕፉዳ

Breeftasch

ክሬዲት ካርድ

Kreditkoort

ሳንጣ

Tasch

ፌስታል

Plastiktüüt

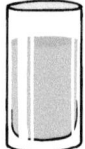

ማይ

Water

ጅማቁ

Saft

ጸባ

Melk

ኮላ

Cola

ነቢት

Wien

ቢራ

Beer

አልኮል

Spriet

ካካው

Kakao

ሻሂ

Tee

ቡን

Koffie

ኤስፕረሶ

Espresso

ካፕቺዋ

Cappucino

ባናና

Banaan

ቱፋሕ

Appel

አራንጂ

Appelsien

ብርጭቆ

Meloon

ለሚን

Zitroon

ካሮት

Wöttel

ጸዓዳ ሽጉርቲ

Knuuvlook

ባምቡስ

Bambus

ሽጉርቲ

Zibbel

ቅንጥሻ

Poggenstohl

ፉል

Nööt

ፓስታ

Nudeln

ስፓገቲ

Spaghetti

ሩዝ

Ries

ሰላጣ

Salat

ቅልዋ ድንሽ

Pommes frites

ቅሉው ድንሽ

Braadkantüffeln

ፒትሳ

Pizza

ሃምቡርገር

Hamborger

ፓኒኖ

Sandwich

ቢስተካ

Snitzel

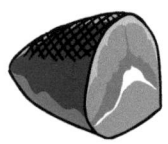

ሰለፍ ሓሰማ

Schinken

ሳላሚ

Salami

ግዕዝም

Wust

ደርሆ

Hohn

ቀለወ

Braden

ዓሳ

Fisch

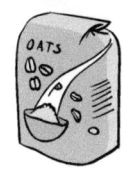

ገዓት
.................
Haverflocken

ሙስሊ
.................
Müsli

ኮርንፍለይክስ
.................
Cornflakes

ሓርጭ
.................
Mehl

ክሮሶን
.................
Croissant

ባኒ
.................
Rundstück

ባኒ
.................
Broot

ቶስት
.................
Toast

ብሽኩቲ
.................
Keksen

ጠስሚ
.................
Botter

ርጎኦ
.................
Quark

ፓስተ
.................
Koken

እንቋቍሖ
.................
Ei

ቅሉው እንቋቍሖ
.................
Spegelei

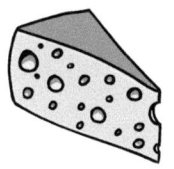

ፋርማጆ
.................
Kees

አይስ ክሬም
.................
Ies

ሽኮር
.................
Zucker

መዓር
.................
Honnig

ጃም
.................
Marmelaad

ኑጋት-ክሬም
.................
Nougat-Creme

ኩሪ
.................
Curry

# ቤት ሕርሻ

# Buernhoff

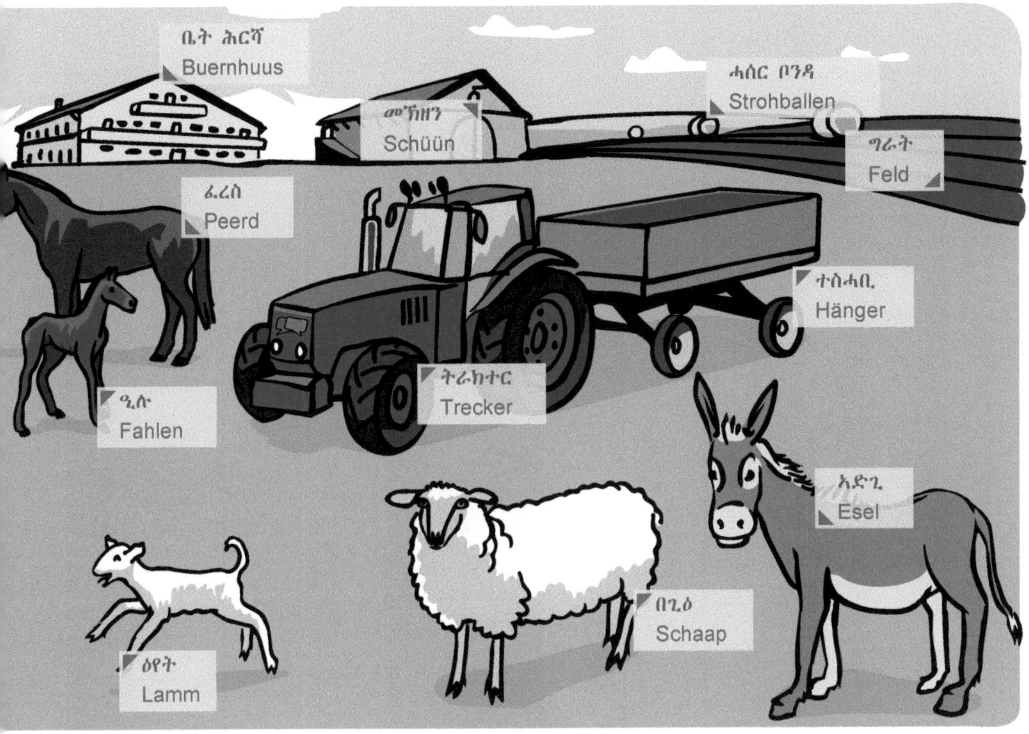
ቤት ሕርሻ
Buernhuus
መኽዘን
Schüün
ሓሰር ቦንዳ
Strohballen
ግራት
Feld
ፈረስ
Peerd
ተስሓቢ
Hänger
ዒሉ
Fahlen
ትራክተር
Trecker
ኣድጊ
Esel
በጊዕ
Schaap
ዕየት
Lamm

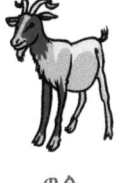

ጤል

Zeeg

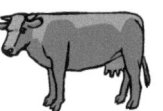

ብዕራይ

Koh

ምራኽ

Kalf

ሓሰማ

Swien

ውላድ ሓሰማ

Farken

ኣርሓ

Bull

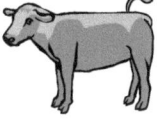

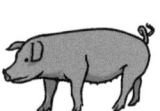

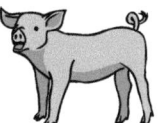

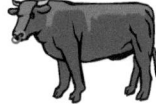

ዓሳ

Goos

ማይ ደርሆ
Aant

ጫቑፈት
Küken

ደርሆ
Hohn

አርሓ ደርሆ
Hahn

አንጨዋ ዓባይ
Rott

ድሙ
Katt

አንጭዋ
Muus

ብዕራይ
Oss

ከልቢ
Hund

አጉዶ ከልቢ
Hunnenhütt

ቱቦ ጆርዲን
Goornslauch

መዝሬፈ ማይ
Geetkann

ዓቢ ማዕጺድ
Lee

ማሕረሻ
Ploog

28                    ቤት ሕርሻ - Buernhoff

ማዕጺድ
Sich

ጭኳር
Hack

መስአ
Mestfork

ፋስ
Ext

ዓረብያ ኢድ
Schuufkoor

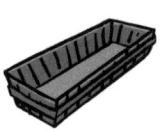

ጋብላ
Trog

ብርጭቆ ጸባ
Melkkann

ከሻ
Sack

ሓጹር
Tuun

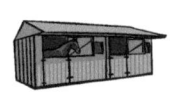

መንሰስ
Stall

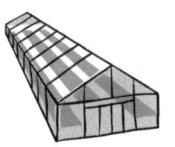

ቆጠልያ ገዛ
Drievhuus

ባይታ
Bodden

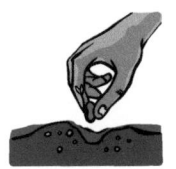

ዘርኢ
Saat

ድኹዒ
Dünger

ዘጣምር ቀውዓይ
Meihdöscher

ቤት ሕርሻ - Buernhoff                    29

ቀውዐ

oornen

ጸማ

Oorn

ድንሽ ያም

Yamswöttel

ስርናይ

Weten

ሶያ

Soja

ድንሽ

Kantüffel

ዕፉን

Törksche Weten

ራፕስ

Rapp

ገረብ ፍረታት

Aaftboom

ማኒኦክ

Troopsch Kantüffel

አእኻል

Koorn

# ገዛ
# Huus

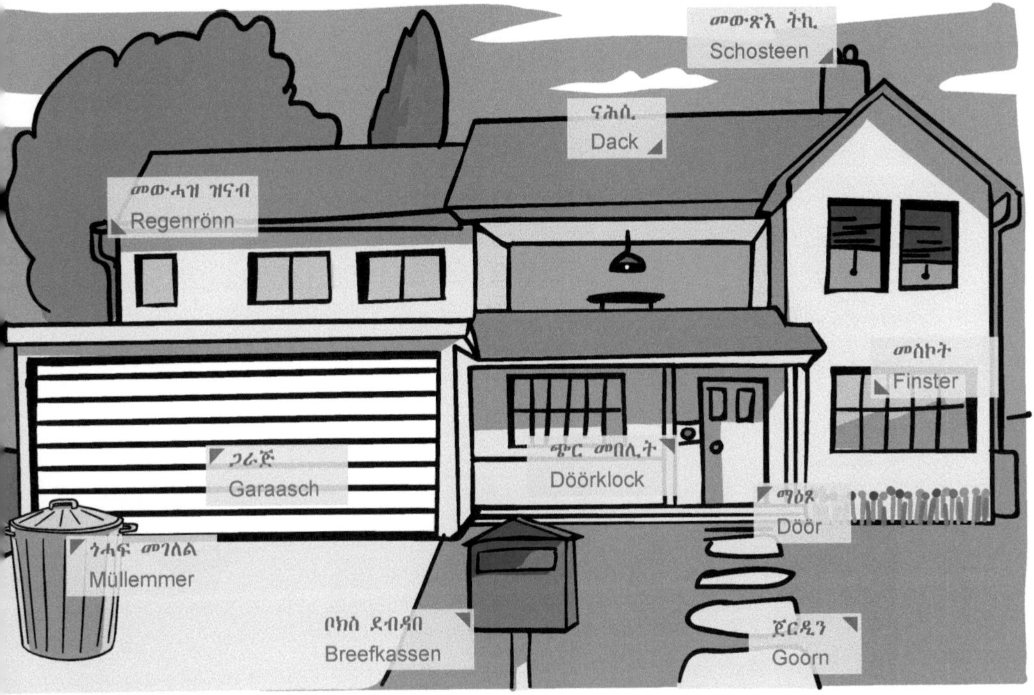

መውጽእ ትኪ
Schosteen
ናሕሲ
Dack
መውሓዝ ዝናብ
Regenrönn
መስኮት
Finster
ጋራጅ
Garaasch
ጭር መበሊት
Döörklock
ማዕጾ
Döör
ጎሓፍ መገለል
Müllemmer
ቦክስ ደብዳበ
Breefkassen
ጀርዲን
Goorn


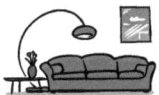

ክፍሊ ምቕማጥ

Wahnstuuv

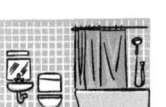

ክፍሊ ባንዮ

Baadstuuv

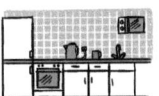

ክሽነ

Köök

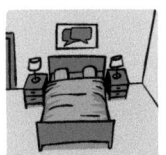

ክፍሊ መደቀሲ

Slaapstuuv

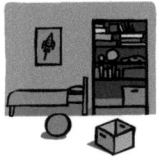

ክፍሊ ቆልዑ

Kinnerstuuv

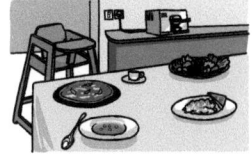

መመገቢ ክፍሊ

Eetstuuv

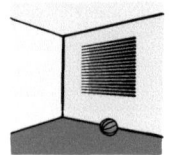

ባይታ

Footbodden

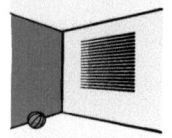

መንደቅ

Wand

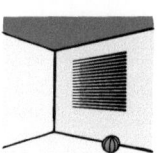

ከበርታ

Deek

ካንቲና

Keller

ሳውና

Hittluftbad

ባልኮን

Balkon

ዛላ

Terrass

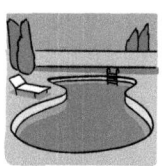

መሕምበሲ

Swümmbad

መቖረጺ ሳዕሪ

Rasenmeiher

አንሶላ ዓራት

Bettbetog

ከበርታ ዓራት

Bettdeek

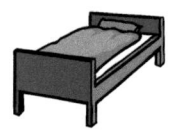

ዓራት

Puuch

መኾስተር

Bessen

መገለል

Emmer

መወልጊት

Schalter

# ክፍሊ ምችማጥ

# Wahnstuuv

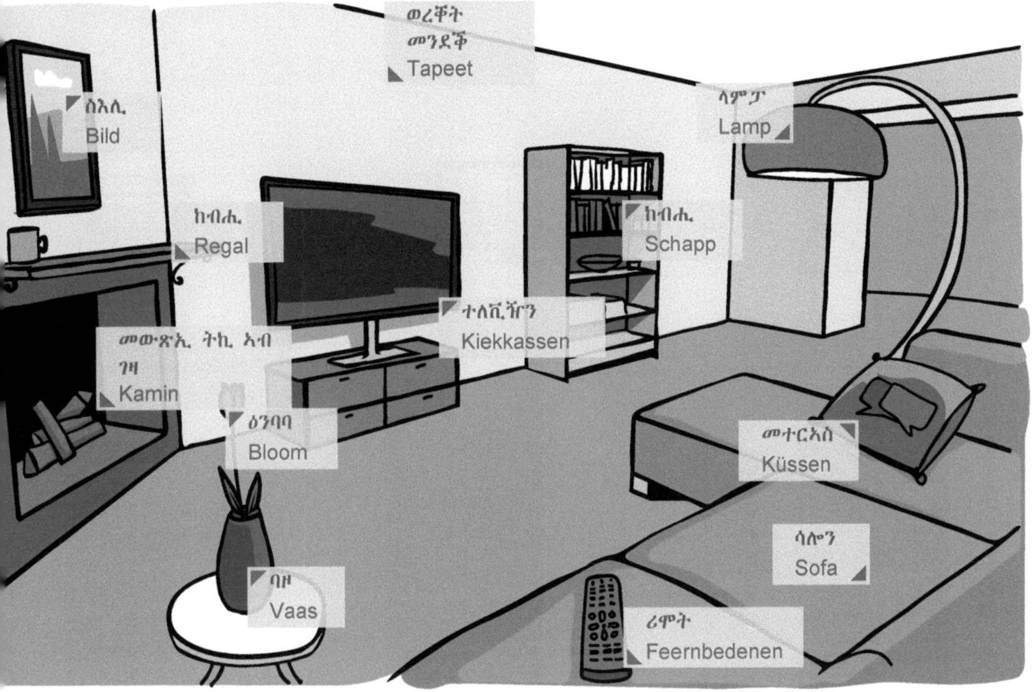
ወረቐት መንደቕ
Tapeet
ስእሊ
Bild
ላምፓ
Lamp
ክብሒ
Regal
ክብሒ
Schapp
ተለቪዥን
Kiekkassen
መውጽኢ ትኪ ኣብ ገዛ
Kamin
ዕንባባ
Bloom
መተርኣስ
Küssen
ሳሎን
Sofa
ባዞ
Vaas
ሪሞት
Feernbedenen

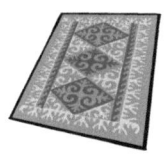

መንጸፍ

Teppich

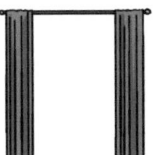

መጋረጃ

Vörhang

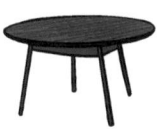

ጣውላ

Disch

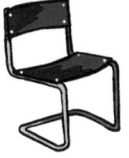

መንበር

Stohl

ሰለል ዝብል መንበር

Schuckelstohl

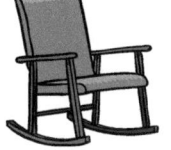

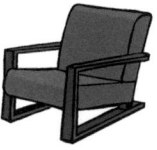

መንበር ምቹእ

Sessel

መጽሐፍ

Book

ከበርታ

Deek

ስልማት

Dekoratschoon

እንጨይቲ ሓዊ

Füerholt

ፊልም

Film

ስተረዮ

Stereoanlaag

መፍትሕ

Slötel

ጋዜጣ

Narichtenblatt

ቅብኣ

Gemälde

ፖስተር

Poster

ረድዮ

Radio

ጥራዝ

Opschrievblock

መልገሲ ደሮና

Huulbessen

በለስ

Kaktus

ሽምዓ

Kars

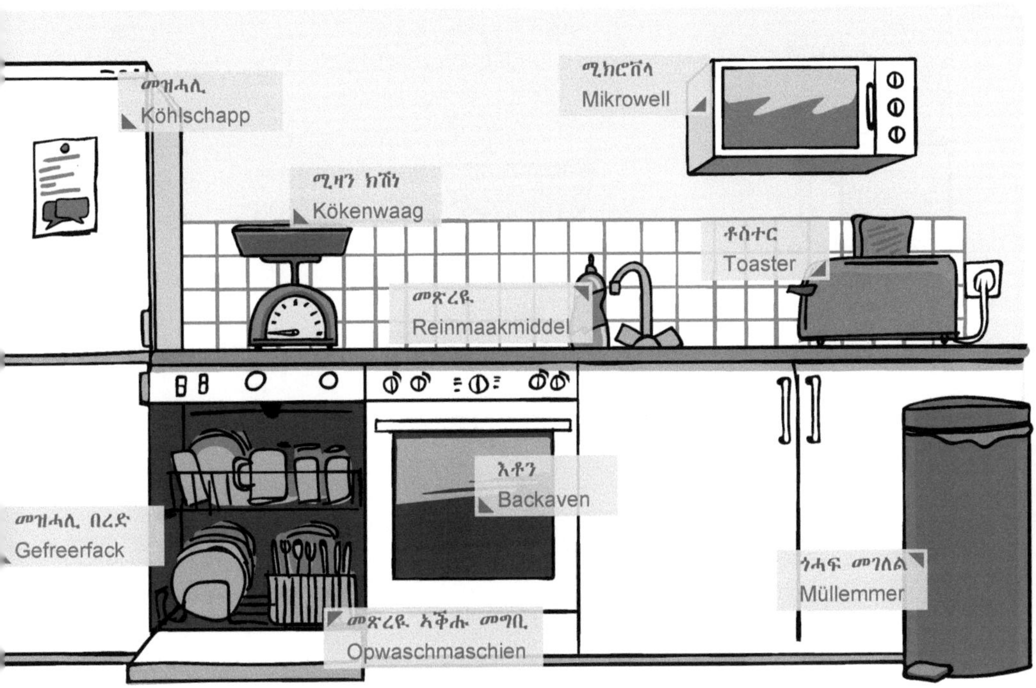

መዝሓሊ
Köhlschapp

ሚክሮሸላ
Mikrowell

ሚዛን ክሽን
Kökenwaag

ቶስተር
Toaster

መጽረዩ
Reinmaakmiddel

እቶን
Backaven

መዝሓሊ በረድ
Gefreerfack

ጎሓፍ መገለል
Müllemmer

መጽረዩ እቕሑ መግቢ
Opwaschmaschien

መኸሸኒ

Heerd

ድስቲ

Pott

ድስቲ ሓጺን

Gussiesern Putt

ሾክ/ካዳይ

Wok / Kadai

ባደላ

Pann

መውዓዪ ማይ

Waterkaker

መፍልሒ.

Dampkaakputt

ጎንቴራ ምስንካት

Backblick

ኣቕሑ መግቢ.

Geschirr

ብርዒኵቆ

Beker

ጭሓሎ

Schaal

ማንካቾና

Eetsticken

ማንካ መረቕ

Suppenkell

መገልበጢ ባደላ

Pannenwenner

መኽስተር ውርጪ.

Sneebessen

መንፈት መግቢ.

Kaakseef

መንፈት

Seef

መፋሕፍሒ.

Riev

ሞርታር

Mörser

ባርቢ.ክዩ

Grill

ስፍራ ሓዊ

Füerstell

እንጨይቲ ምምታር

Sniedbrett

እንጨይቲ ኩረር

Nudelholt

መኽፈት ቡሽ

Proppentrecker

ታኒካ

Doos

መኽፈቲ ታኒካ

Dosenaapner

ጨርቂ ድስቲ

Pottlappen

ቡምባ

Waschbecken

አስባስላ

Böst

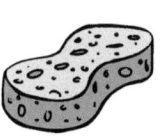

ሰፍነግ

Swamm

ሓዋሲ አደባላቒ

Mixer

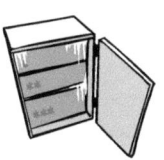

መዝሓሊ በረድ

Iesschapp

ጥርሙዝ ማማይ

Nuckelbuddel

ቡምባ ማይ

Waterhahn

# ክፍሊ ባንዮ

# Baadstuuv

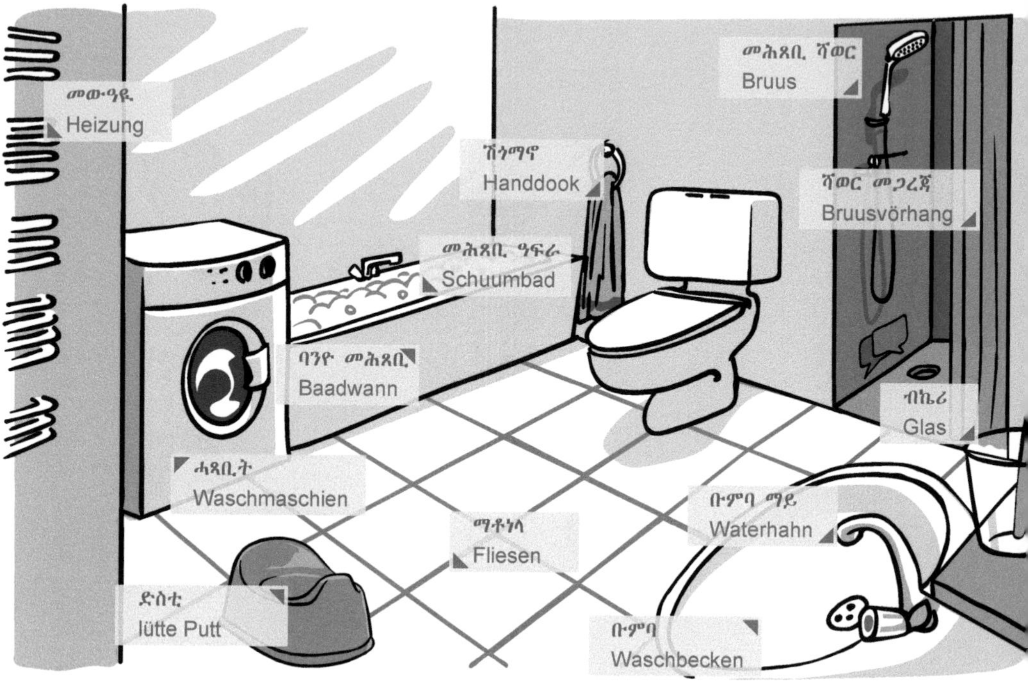

መውዓዪ
Heizung
ሽጎማኖ
Handdook
መሕጸቢ ሻወር
Bruus
ሻወር መጋረጃ
Bruusvörhang
መሕጸቢ ዓፍራ
Schuumbad
ባንዮ መሕጸቢ
Baadwann
ብኬሪ
Glas
ሓጻቢት
Waschmaschien
ቡምባ ማይ
Waterhahn
ማቶነላ
Fliesen
ድስቲ
lütte Putt
ቡምባ
Waschbecken


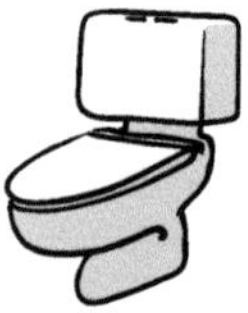

ሽቓቕ

Tante Meier

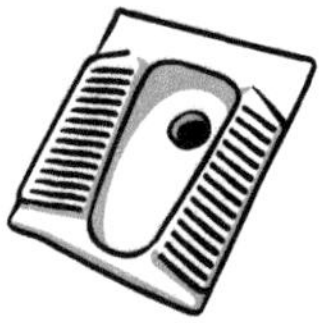

ሽቓቕ ኮፍ

Hockklo

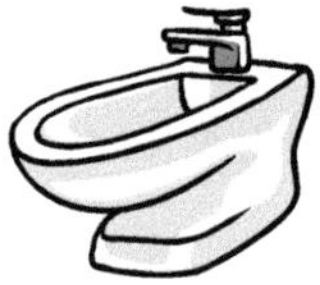

በዴ

Bidet

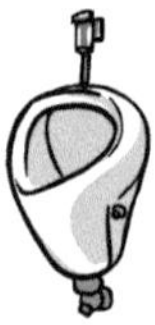

ሽቓቕ ተባዕታይ

Miegbecken

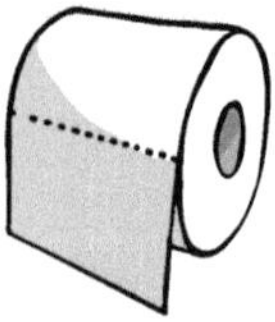

ወረቐት ሽቓቕ

Klopapeer

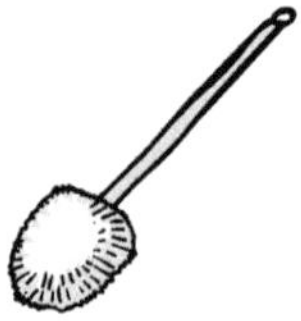

ኣስባስላ ሽቓቕ

Kloböst

አስባስላ ስኒ
Tähnböst

ክረማ ስኒ
Tähnpast

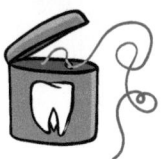

ሃሪ ስኒ
Tähnsied

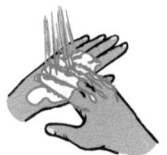

ሓጸበ
waschen

ዱሽ ኢድ
Handbruus

ዱሽ
Intimbruus

ብርጭቆ ምሕጸብ
Waschschöttel

አስባስላ ሕቖ
Rüchböst

ሳምና
Seep

ሻወር ጀል
Bruusgeel

ሻምፑ
Hoorwaschmiddel

ጨርቂ መሕጸቢ
Waschlappen

መውሓዚ
Afloop

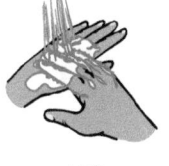

ክረማ
Creme

ደዮ ጨና
Deodorant

መስትያት

Spegel

ናይ ኢድ መስትያት

Kosmetikspegel

መላጸ

Raserer

ዓፍራ ምልጻይ

Raseerschuum

ጨና ድሕሪ ምልጻይ

Raseerwater

መመሸጥ

Kamm

አስባስላ

Böst

መንቆጺ ጸግሪ

Hoordröger

ስፕረይ ጸግሪ

Hoorspray

መመላኽዒ

Smink

ብርኒ ቀለም ከንፈር

Lippensticken

አዝማልቶ

Nagellack

ጻምሪ ጡጥ

Watt

መስደዲ ጽፍሪ

Nagelscheer

ጨና

Rüükwater

ሳንጣ መሕጸቢ.
...............
Kulturbüdel

ድኳ
...............
Schemel

ሚዛን
...............
Waag

ክዳን መሕጸቢ.
...............
Baadmantel

ጓንቲ መጸረዪ.
...............
Gummihanschen

ታምፖን
...............
Tampon

ጨርቂ ሰበይቲ
...............
Damenbinn

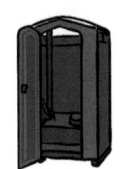

ሽቓቕ ከሚስትሪ
...............
Chemieklo

# ክፍሊ ቆልዑ
# Kinnerstuuv

ኣላርም
መተስኢ
Wecker
መጻወቲ እንስሳ
Knudeldeert
መጻወቲ መኪና
Speeltüüchauto
ቤት ባምቡላ
Poppenhuus
ህያብ
Geschenk
ኳሕኳሕ
መበሊ
Klöter

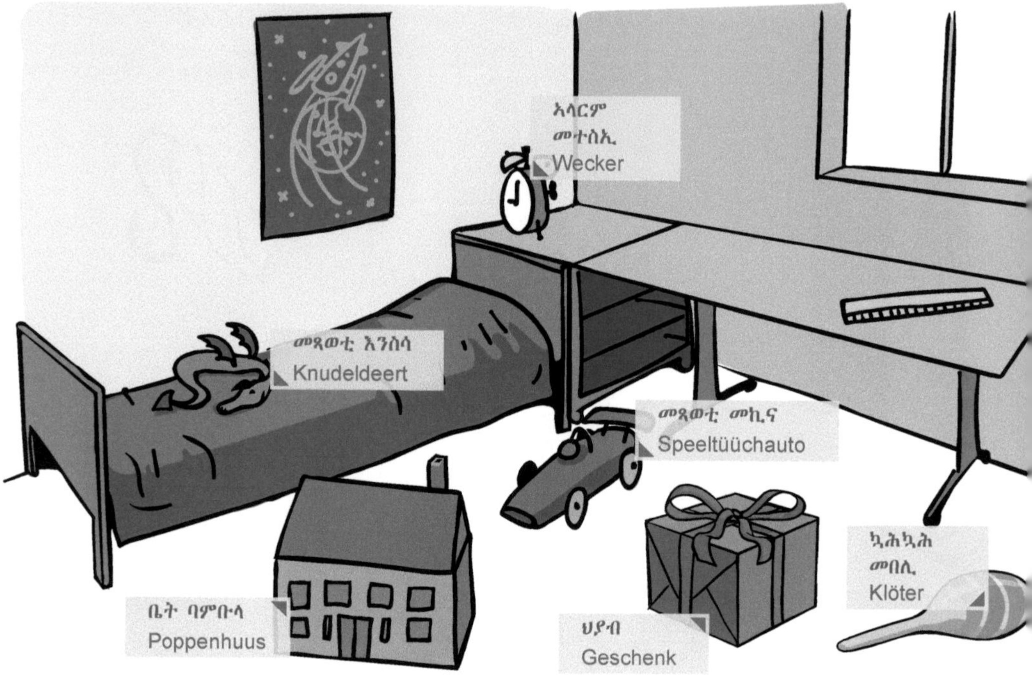

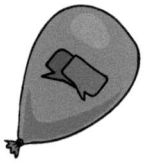

ባላንችና
..................
Luftballon

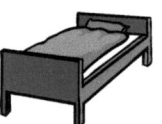

ዓራት
..................
Puuch

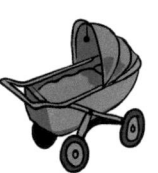

ሰረገላ ህጻን
..................
Kinnerwagen

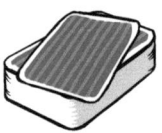

ጸወታ ካርታ
..................
Koortenspeel

ሕንቅሊተይ
..................
Puzzle

SUPER
MEGA

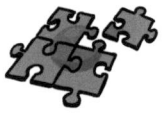

ኮሜዲ
..................
Billergeschicht

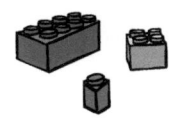

እምንታት መጸወቲ ለጎ
.....................
Legostenen

መጸወቲ እምንታት
.....................
Bustenen

በዓል አክቸን
.....................
Action-Figur

ክዳን ማማይ
.....................
Strampelantog

ፍሪስቢ
.....................
Frisbeeschiev

ሞባይል ማማይ
.....................
Mobile

ጸወታ ሰሌዳ
.....................
Brettspeel

ኩቦ
.....................
Wörpel

ሞደል ባቡር ምድሪ
.....................
Modelliesenbahn

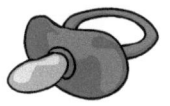

ዓባስ
.....................
Snuller

ፓርቲ
.....................
Party

መጽሓፍ ስእሊ
.....................
Billerbook

ኩዕሶ
.....................
Ball

ባምቡላ
.....................
Popp

ተጻወተ
.....................
spelen

*መጻወቲ ሑጻ*
Sandkassen

*ሰላል*
Schuckel

*መጻወቲታት*
Speeltüüch

*ኮንሶል ቪድዮ*
Speelkonsool

*መጻወቲ ሰለስተ መንኮርኮር*
Dreerad

*ተዲ*
Teddyboor

*ከብሒ ክዳን*
Klederschapp

*ካልስታት*
Socken

*ነዊሕ ካልስታት*
Strümp

*ስረ ካልሲ*
Strumpbüx

ሻርባ
Halsdook

ቁልፊ
Liefreem

ጽላል
Paraplü

ማልያ
T-Shirt

ሬፋዕ
Stevel

ጫማ ገዛ
Puuschen

ስኒከርስ
Turnschoh

ሸበጥ
..................
Sandalen

ጫማ
..................
Schoh

ሬፋዕ ጎማ
..................
Gummistevel

ሙታንታ
..................
Ünnerbüx

ክዳን ጡብ
..................
Bostholler

ትሕተ ካሚቻ
..................
Ünnerhemd

ቦዴ

Lief

ስረ

Büx

ጂንስ

Jeansnüx

ቀምሽ

Rock

ካምቻ

Bluus

ካሚቻ

Hemd

ጉልፎ

Pullover

ጎልፎ

Kapuzenpullover

ጃኬት

Blazer

ጃከት

Jack

ጁባ

Mantel

ክዳን ዝናብ

Övertrecker

ኮስቱም

Kostüm

ቀምሽ

Kleed

ቀምሽ መርዓ

Hochtietskleed

ክዳን - Tüüch

ልብሲ.

Antog

ካሚቻ ለይቲ

Nachtkleed

ክዳን ለይቲ

Slaapantog

ሳሪ

Sari

መሃረብ ርእሲ.

Koppdook

ቱርባን

Turban

ቡርካ

Burka

ካፍታን

Kaftan

አባያ

Abaya

ክዳን መሕበሲ.

Baadantog

ስረ መሕምበሲ.

Baadbüx

ሓጺር ስረ

Korte Büx

ክዳን ታዕሊም

Antog to'n Öven

በጃ ክዳን

Schört

ጓንቲ

Handschoh

ክዳን - Tüüch    47

*መልጎም*

Knopp

*መነጽር*

Brill

*በንናጅር*

Armband

*ማዕተብ*

Halskeed

*ቀለበት*

Ring

*ኩትሻ*

Ohrbummel

*ቆብዕ*

Mütz

*መንበሪ ጁባ*

Klederbögel

*ባርኔጣ*

Hoot

*ካራሻት*

Binner

*ሻርኔጣ*

Rietslüter

*ሀልመት*

Helm

*መድልደል ስረ*

Drachtband

*ድቢዛ ቤትትምህርቲ*

Schooluniform

*ድቢዛ*

Uniform

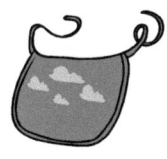

ሰደርያ ቆልዓ

Severböten

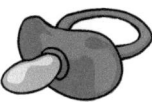

ዓባስ

Snuller

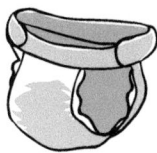

ጨርቂ ማማይ

Winnel

# ቤት ጽሕፈት
## Büro

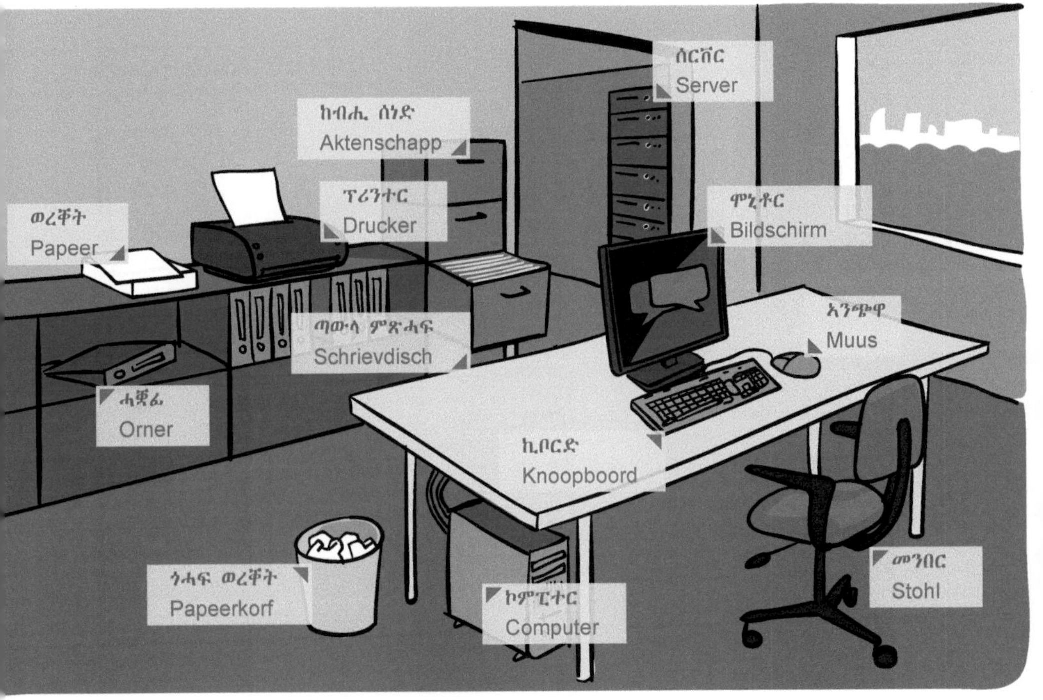

ሰርቨር
Server
ከብሒ ሰነድ
Aktenschapp
ፕሪንተር
Drucker
ወረቐት
Papeer
ሞኒቶር
Bildschirm
ጣውላ ምጽሓፍ
Schrievdisch
ኣንጭዋ
Muus
ሓቓፊ
Orner
ኪቦርድ
Knoopboord
ጎሓፍ ወረቐት
Papeerkorf
ኮምፒተር
Computer
መንበር
Stohl


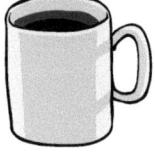

ብርጭቆ ቡን

Koffiebeker

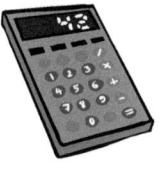

ካልኩለተር

Taschenreekner

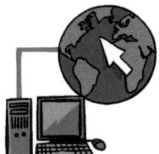

ኢንተርነት

Internet

ለፕቶፕ

Klappreekner

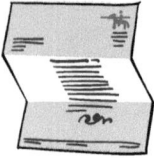

ደብዳበ

Breef

መልእኽቲ

Naricht

ሞባይል

Ackersnacker

ነትወርክ/መርበብ

Nettwark

መቅድሒ ፎቶኮፒ

Kopeerapparat

ሶፍትዌር

Software

ተለፎን

Klöönkassen

ሶከት ኣረንቲ

Steekdoos

ፋክስ

Faxapparat

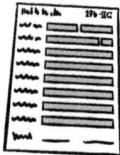

ፎርም

Formulor

ሰነድ

Dokument

ገዝአ

köpen

ከፈለ

betahlen

ንግዲ

hanneln

ገንዘብ

Geld

ዶላር

Dollar

ኣይሮ

Euro

የን

Yen

ሩበል

Ruvel

ስዊዝ ፍራንከን

Swiezer Franken

ረንሚንቢ ዩዋን

Renminbi Yuan

ሩፐየ

Rupie

መውጽኢ ማሺን ገንዘብ

Geldautomat

በታ ቅያር ገንዘብ

Wesselstuuv

ወርቂ

Gold

ብሩር

Sülver

ዘይቲ

Ööl

ሓይሊ

Energie

ዋጋ

Pries

ውዕል

Verdrag

ቀረጽ

Stüer

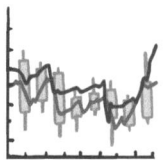

እኩብ ጥሪ-ነገራት

Andeelschien

ሰርሓ

arbeiden

ሰራሕተኛ

Anstellte

አስራሒ

Arbeitgever

ትካል

Fabrik

ዱኳን

Hökerie

# Profeschonen

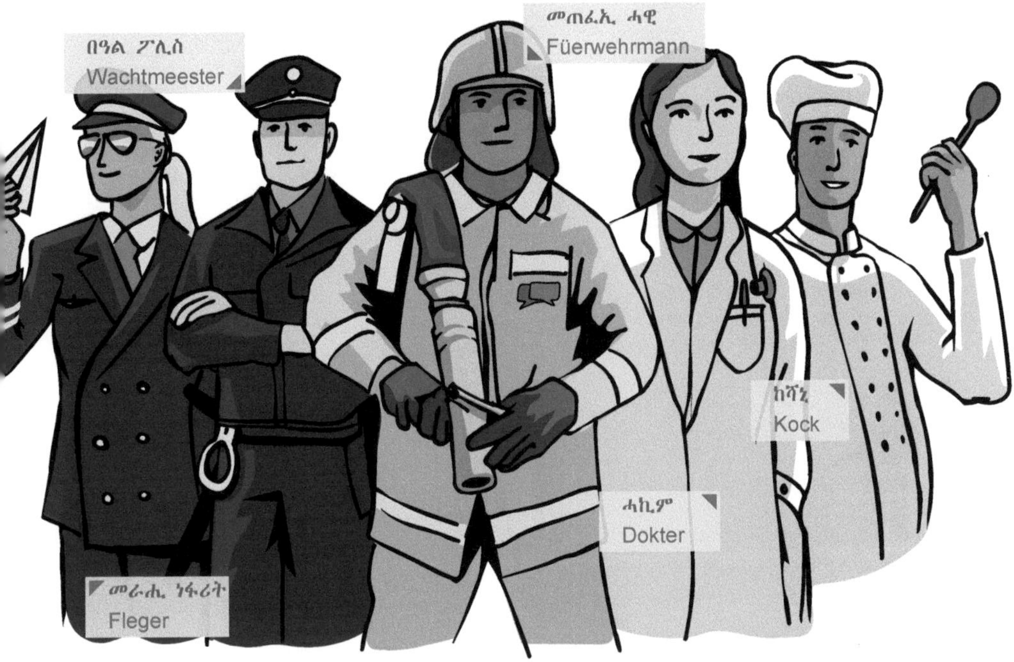
በዓል ፖሊስ
Wachtmeester
መጠፈኢ ሓዊ
Füerwehrmann
ከሻኒ
Kock
ሓኪም
Dokter
መራሒ ነፋሪት
Fleger

ሰራሕተኛ ጀርዲን

Goorner

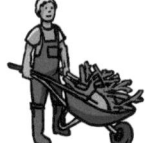

ጸራቢ ዕንጸይቲ

Discher

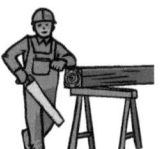

ሰፋይት

Neihersche

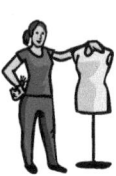

ፈራዳይ

Richter

ቀማሚ

Chemiker

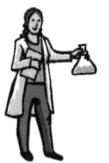

ተዋሳኢ

Schauspeler

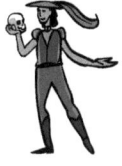

መራሒ አዉቶቡስ
......................
Busfohrer

አውቲስታ ታክሲ
......................
Taxifohrer

ገፋፊ ዓሳ
......................
Fischer

ጸራጊት
......................
Reinmaakfru

ሃናጻይ ናሕሲ
......................
Dackdecker

አሰላፊ
......................
Kellner

ሃዳናይ
......................
Jäger

ሰኣላይ
......................
Maler

እንዳ ሕብስቲ
......................
Bäcker

ኤለትሪከኛ
......................
Elektriker

ሃናጺ አባይቲ
......................
Buarbeider

ሃንዳሲ
......................
Ingenieur

ሰራሕተኛ እንዳ ስጋ
......................
Slachter

ድራብሊኮ
......................
Klempner

አማላላሲ ፖስጣ
......................
Postbüdel

ወተሃደር
.................
Suldat

ትሓዝ ገንዘብ
.................
Kasserer

መሃንድስ
.................
Architekt

ሰራሕተኛ ዕምባባ
.................
Florist

ቀምቃማይ
.................
Putzbüdel

ፈተሪዎ
.................
Schaffner

መካኒክ
.................
Mechaniker

 መራሒ መርከብ
.................
Kaptein

ሓኪም ስኒ
.................
Tähndokter

ተመራማሪ
.................
Wetenschopler

ራቢ
.................
Rabbi

ኢማም
.................
Imam

ፈላሲ
.................
Mönk

ቀሺ
.................
Paap

ጥዓታት - Profeschonen

55

# ናውቲ
# Warktüüch

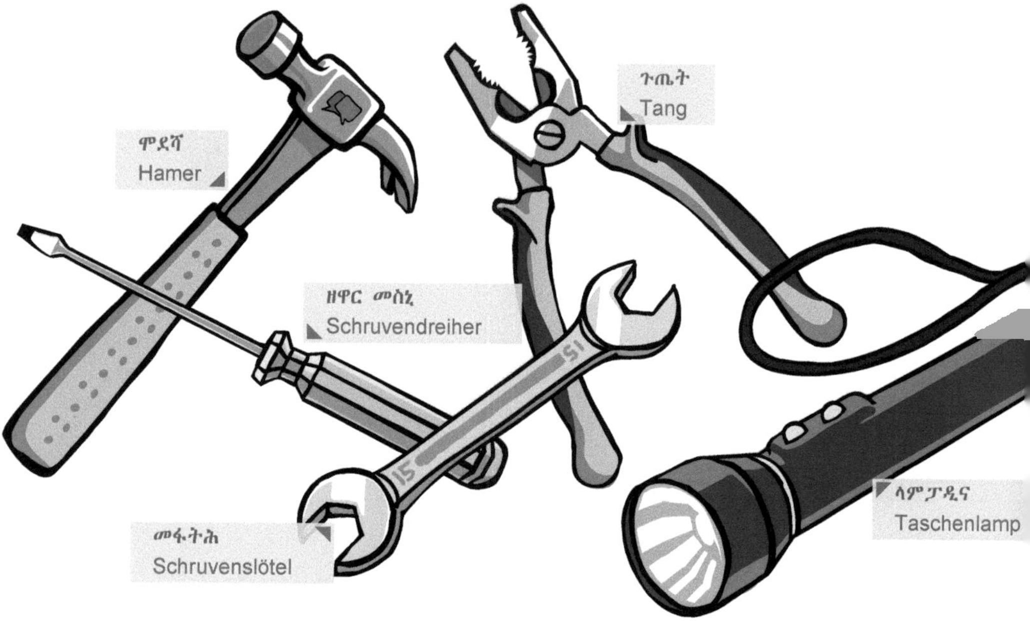
ሞደሻ
Hamer
ጉጤት
Tang
ዘዋር መስኒ
Schruvendreiher
መፋትሕ
Schruvenslötel
ላምፓዲና
Taschenlamp

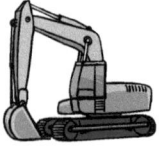

ፈሓሪ

Grieper

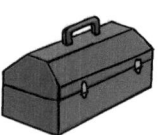

ናውቲ ቦክስ

Warktüüchkassen

መደያይቦ

Ledder

መጋዝ

Saag

መስማር

Nagels

ኰዓቲ

Bohrer

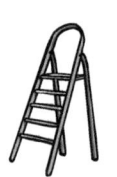

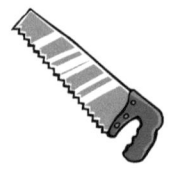

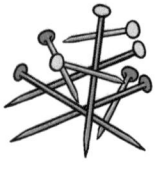

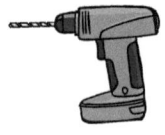

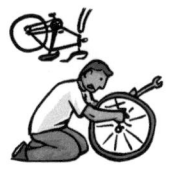

ምዕራይ

heelmaken

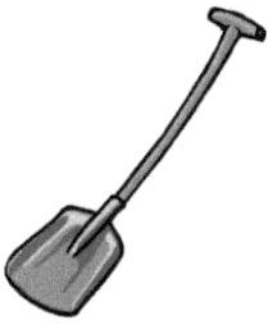

ባደላ

Schüffel

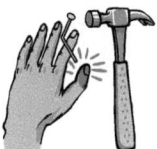

ኣይ!

Schiet!

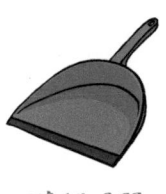

መትሓዚ ዶሮና

Kehrblick

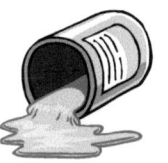

ድስቲ ቀለም

Farvpott

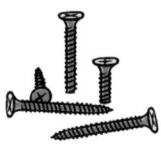

ካቻቢተ

Schruven

## መሳርሒ ሙዚቃ
## Musikinstrumenten

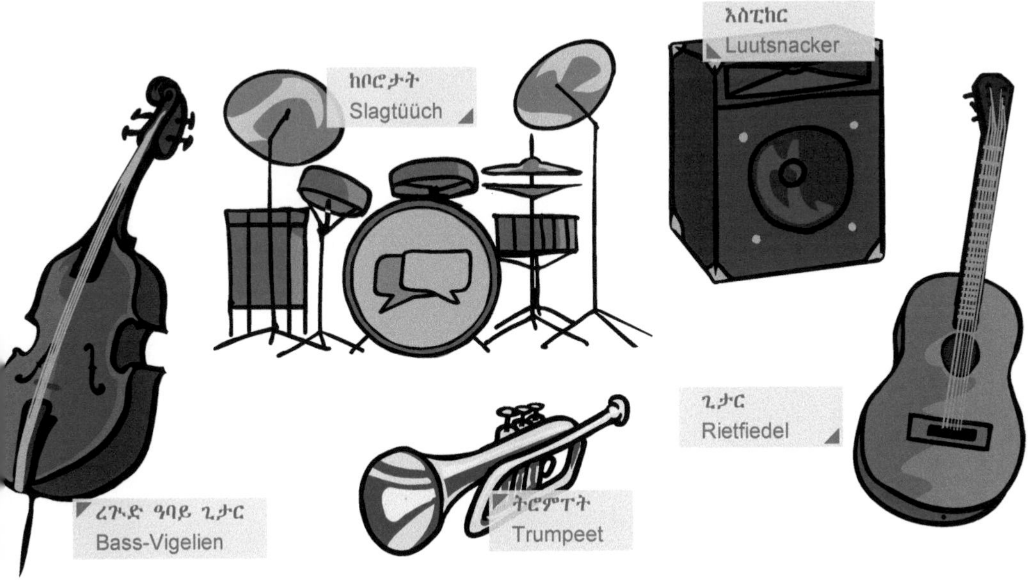
እስፒከር
Luutsnacker
ከቦሮታት
Slagtüüch
ጊታር
Rietfiedel
ረጕድ ዓባይ ጊታር
Bass-Vigelien
ትሮምፐት
Trumpeet

ፒያኖ

Klaveer

ቪዮሊን

Vigelien

ባስ ጊታር

Bass

ቲምንኢ

Pauk

ከቦሮ

Trummeln

ኦርጋን

Keyboard

ሳክሶፎን

Saxophon

ሻምብቆ

Fleut

ሚክሮፎን

Mikrofoon

መእተዊ
Ingang

ነብሪ
Tiger

ነብያ
Käfig

አድጊ በረኻ
Zebra

መግቢ እንስሳ
Deertenfoder

ፓንዳ
Panda-Boor

እንስሳታት

Deerten

ሓርማዝ

Elefant

ካንጋሩ

Känguru

ሓሪሽ

Neeshoorn

ጉሪላ

Gorilla

ድቢ

Boor

ገመል

Kameel

ሰጎን

Struuß

አንበሳ

Lööv

ሆበይ

Aap

ፍላሚንጎ

Flamingo

ሕንጻይ

Papagoi

ድቢ በረድ

Iesboor

ፐንጉን

Pinguin

ከልቢ ዓሳ

Haifisch

ጣውስ

Pageluun

ተመን

Slang

ሓርገጽ

Krokodil

ሓላዊ ቤት ገርድሽ

Oppasser in'n Deertenpark

ዓሳ ዚምገብ እንስሳ ባሕሪ

Saalhund

ጃጓር

Jaguor

ሓጺር ፈረስ
Pony

ነብሪ
Leopard

ጉማሪ
Nilpeerd

ጂራፍ
Giraff

ሊላ
Aadler

መፍለስ
Wildswien

ዓሳ
Fisch

ጎብየ
Schildkrööt

ዋልሩስ
Walross

ወኻርያ
Voss

ሰስሓ
Gazell

ናይ ኣሜሪካ ኩዕሶ እግሪ
Amerikaansch Football

ምዝዋር ብሽግለታ
Radfohren

ተኒስ
Tennis

ባስከትባል
Korfball

ምሕምባስ
Swümmen

ቦክሲንግ
Boxen

ሆኪ በረድ
Ieshockey

ኩዕሶ እግሪ
Football

ባድሚንቶን
Fedderball

እስፖርታዊ ንጥፈታት
Leichtathletik

ኩዕሶ ኢድ
Handball

ስኪ
Skilopen

ፖሎ
Polo

# ንጥፈታት
# Aktivitäten

ሰሓቐ
lachen
ጠረ
springen
ሓቖፈ
ümarmen
ከደ
gahn
ደረፈ
singen
ሓለመ
drömen
ጸለየ
beden
ሰዓመ
snuteln

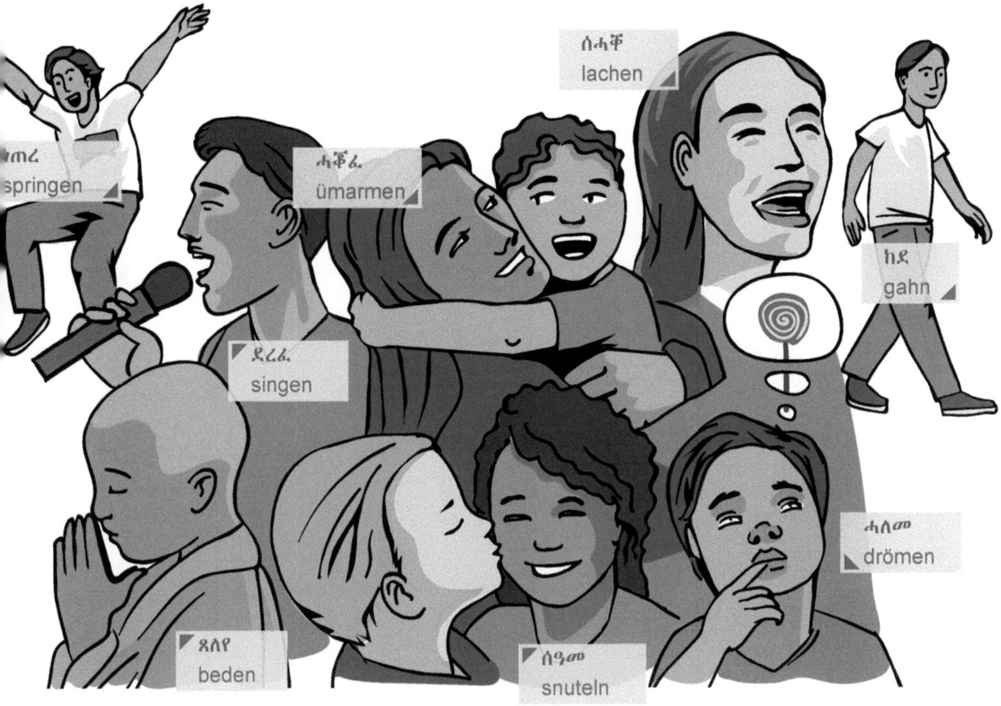

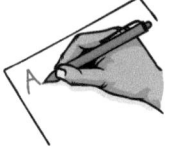

ጸሓፈ

schrieven

ሰኣለ

teken

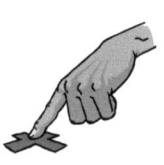

ኣርኣየ

wiesen

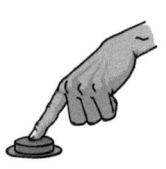

ደፍአ

drücken

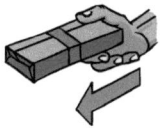

ሃበ

geven

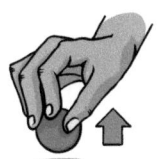

ወሰደ

nehmen

አለወ

hebben

ገበረ

doon

ኮነ

sien

ጠጠው በለ

stahn

ጎየየ

lopen

ሰሓበ

trecken

ሰንደወ

smieten

ወደቐ

fallen

ሓሰወ

liggen

ተጸበየ

töven

ሰከም

dregen

ኮፍ በለ

sitten

ተኸድነ

antrecken

ደቀሰ

slapen

ተስአ

opwaken

ረአየ
..................
ankieken

በኽየ
..................
wenen

ብኣጻብዑ ደረዘ
..................
eien

መሸጠ
..................
kämmen

ተዛረበ
..................
snacken

ተረድአ
..................
verstahn

ሓተተ
..................
fragen

ሰምዐ
..................
hören

ሰተየ
..................
drinken

በልዐ
..................
eten

ኣቐመጠ
..................
oprümen

ኣፍቀረ
..................
leefhebben

ከሽነ
..................
kaken

ዘወረ
..................
fohren

ነፈረ
..................
flegen

ብመርክብ ገየሽ

segeln

ደመረ

reken

አንበበ

lesen

ተመሃረ

lehren

ሰርሐ

arbeiden

መርዓወ

de Plünnen tohoopsmieten

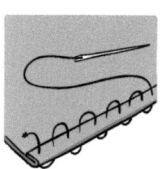

ሰፈየ

neihen

ጽሬት አስናን

Tähnen putzen

ቀተለ

dootmaken

ሽጋራ ተከኸ

smöken

ሰደደ

schicken

ንባየ
Grootmoder

አቦሓጎ
Grootvadder

አቦ
Vadder

እደ
Moder

ማማይ
Winnelkind

ጓል
Dochter

ወዲ
Söhn

ጋሻ

Gast

ሓትኖ

Tant

አኮ

Unkel

ሓው

Broder

ሓፍቲ

Süster

# ኣካላት

# Lief

ግንባር
Vörkopp
ዓይኒ
Oog
መንኩብ
Schuller
ኣጻብዕ
Finger
ገጽ
Gesicht
መንከስ
Kinn
ኢድ
Hand
ሽፋን እግሪ
Been
ኣፍ-ልቢ
Bost
ምናት
Arm

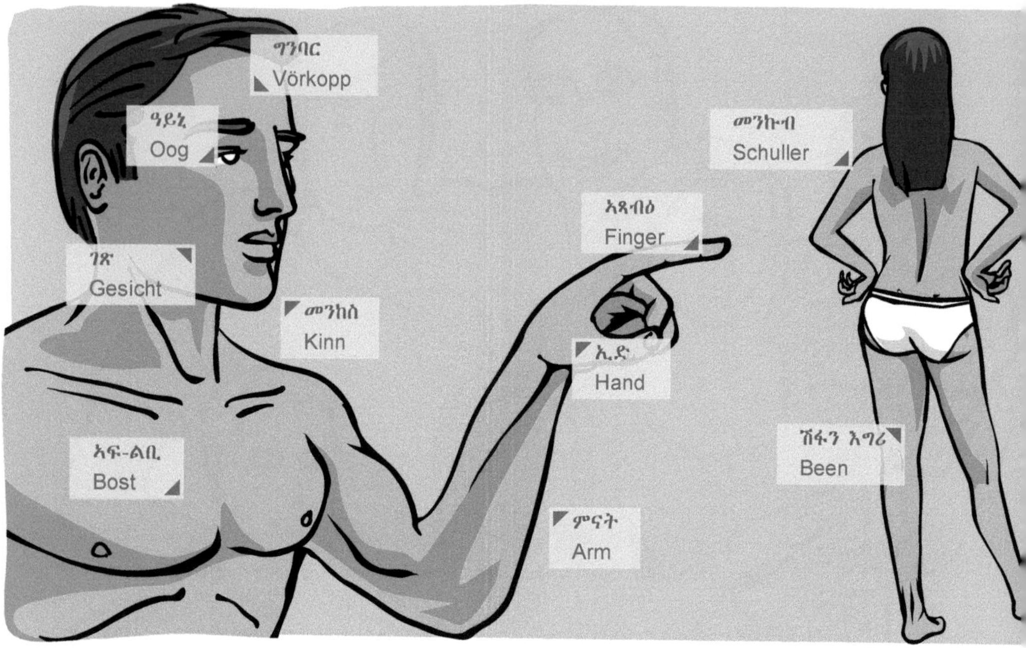

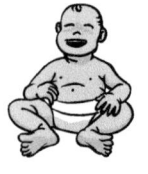

ማማይ

Winnelkind

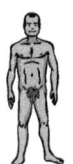

ሰብኣይ

Mann

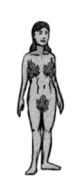

ሰበይቲ

Fro

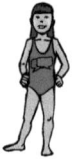

ጓል

Deern

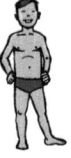

ወዲ

Jung

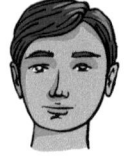

ርእሲ

Arm

ሕቆ
......................
Rüch

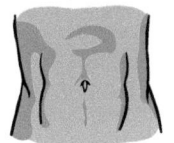

ከስዐ
......................
Buuk

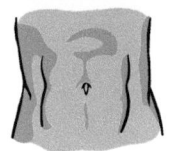

ሕምብርቲ
......................
Navel

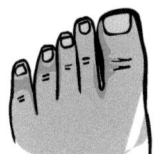

ኣጻብዕ እግሪ
......................
Teh

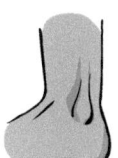

ኩርኵረ
......................
Hack

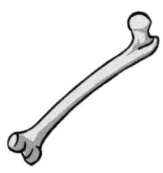

ዓጽሚ
......................
Knaken

ምሕኮልቲ
......................
Hüft

ብርኪ
......................
Knee

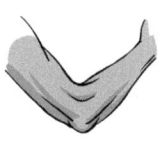

ፍግፍጉ
......................
Ellbagen

ኣፍንጫ
......................
Nees

መዓኮር
......................
Achtersen

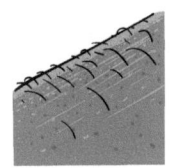

ቆርበት
......................
Huut

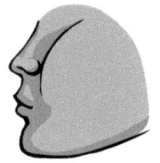

ምዕጉርቲ
......................
Back

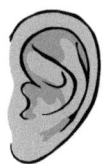

እዝኒ
......................
Ohr

ከንፈር
......................
Lipp

አፍ

Mund

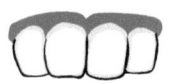

ስኒ

Tähn

መልሓስ

Tung

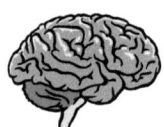

ሓንጎል

Bregen

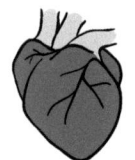

ልቢ

Hart

ጭዋዳ

Muskel

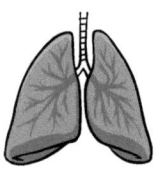

ሳንቡእ

Lung

ጸላም ከብዲ

Lever

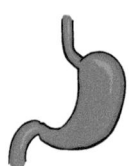

ከብዲ

Maag

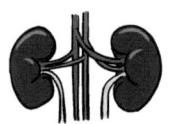

ኩሊት

Neren

ግብረ ስጋ

Bislaap

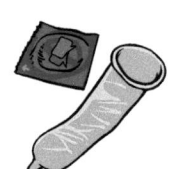

ኮንዶም

Kondoom

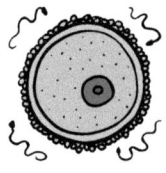

እንቋቑሖ

Eizell

ዘርኢ ተባዕታይ

Sperma

ጥንሲ

Anner Ümstänn

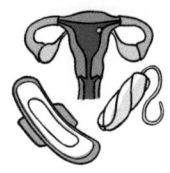

ጽግያት
............
Menstruatschoon

ርሕሚ
............
Scheed

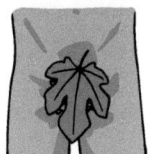

መትሎ
............
Pint

ሽፋሽፍቲ
............
Ogenbroe

ጸግሪ
............
Hoor

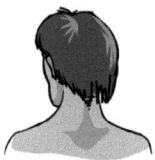

ክሳድ
............
Hals

# ሆስፒታል
# Krankenhuus

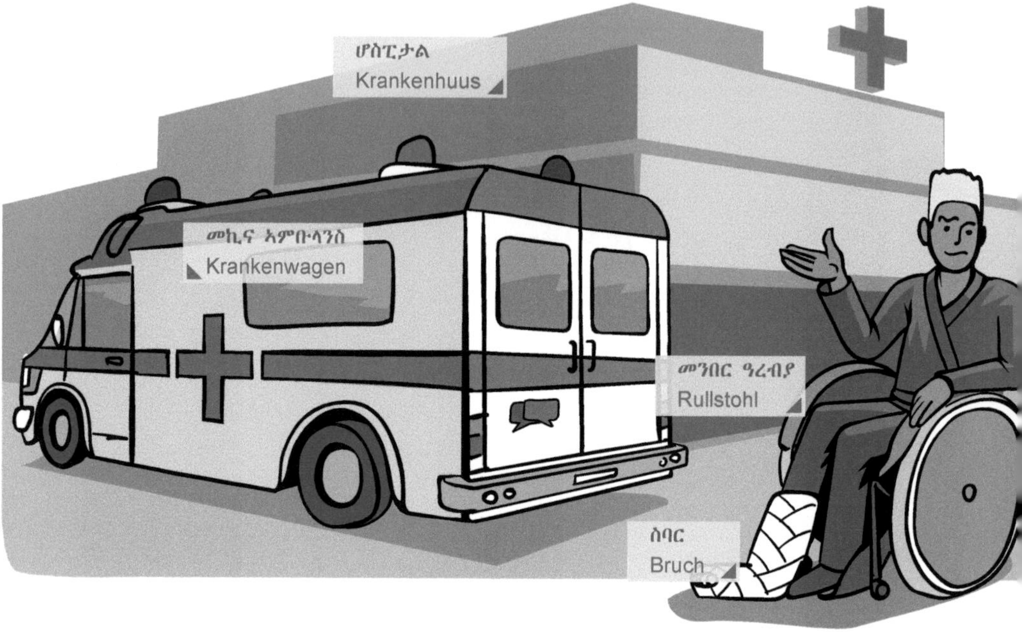

ሆስፒታል
Krankenhuus
መኪና ኣምቡላንስ
Krankenwagen
መንበር ዓረብያ
Rullstohl
ስባር
Bruch

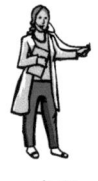

ሓኪም
..................
Dokter

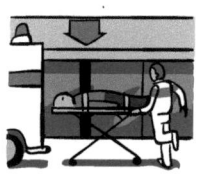

ክፍሊ ህጹጽ ረድኤት
..................
Nootopnahm

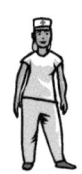

ኣላይት
..................
Krankensüster

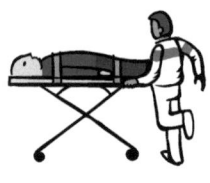

ህጹጽ ኩነት
..................
Nootfall

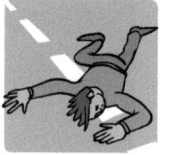

ውነኡ ዘጥፍአ
..................
ahnmächtig

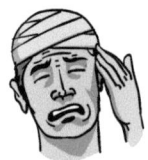

ቃንዛ
..................
Wehdaag

ጉድኣት

Verwunnen

ደም

Blöden

ማህረምቲ

Hartinfarkt

ማህረምቲ

Slaganfall

ኣለርጂ

Allergie

ሰዓል

Hoosten

ረስኒ

Fever

ኡንፍልወንዛ

Gripp

ውጽኣት

Dörchfall

ቃንዛ ርእሲ

Koppwehdaag

መንሽሮ

Kreeft

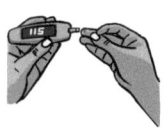

ሹኮርያ

Zuckersüük

ሓኪም መጥባሕቲ

Chirurg

መጥብሒ

Chirurgsch Mess

መጥባሕቲ

Operatschoon

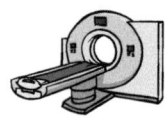

CT

CT

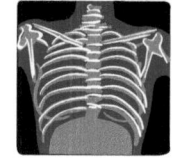

ራጃ

Dörchlüchten

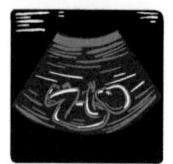

ልዕለ ድምጻዊ

Ultraschall

መሸፈኒ ገጽ

Mask

ሕማም

Krankheit

ክፍሊ ምጽባይ

Töövruum

ምርኩስ

Krück

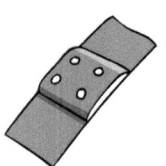

መጅነኒ ቍስሊ

Plaaster

መጅነኒ

Verband

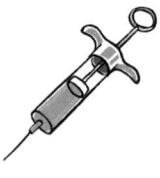

መርፍዕ ምውጋእ

Insprütten

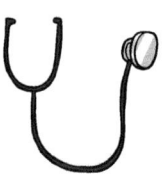

ስተቶስኮፕ

Stethoskop

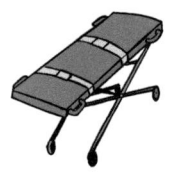

መሰከሚ ሕማም

Draag

ቴርሞመተር

Feverthermometer

ትውልዲ

Geboort

ልዕለ-ሚዛን

Övergewicht

ሓገዝ ምስማዕ
Höörapparat

ኣንጻሂ
Kiemfriemiddel

ልበዳ
Ansteken

ቫይረስ
Virus

ኤድስ
HIV / AIDS

ሕክምና
Heelmiddel

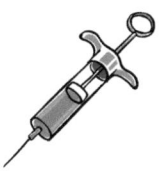

ክታብ
Impen

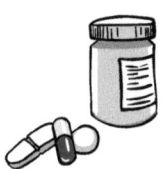

ከኒና
Tabletten

ከኒና
Pill

ህጹድ ምድዋል
Nootroop

መዕቀኒ ጸቕጢ ደም
Blootdruck-Meter

ሕሙም / ጥዑይ
krank / gesund

ሓገዝ

Hölp!

ኣላርም

Alarm

ምህጃም

Överfall

መጥቃዕቲ

Angreep

ድንገት

Gefohr

ህጹጽ መውጽኢ

Nootutgang

ሓዊ!

Füer!

መጥፍኢ ሓዊ

Füerlöscher

ሓደጋ

Unfall

ሳንጣ ቀዳማይ ረድኤት

Noothölpkoffer

SOS

SOS

ፖሊስ

Polizei

ኤውሮጳ
................
Europa

ሰሜን አመሪካ
................
Noordamerika

ደቡብ አመሪካ
................
Süüdamerika

አፍሪቃ
................
Afrika

ኤስያ
................
Asien

አውስትራልያ
................
Australien

አትላንቲክ
................
Atlantik

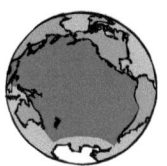

ፓሲፊክ
................
Pazifik

ህንዳዊ ዉቕያኖስ
................
Indisch Weltmeer

አንታርቲካዊ ዉቕያኖስ
................
Antarktisch Weltmeer

አርክቲካዊ ዉቕያኖስ
................
Arktisch Weltmeer

ሰሜናዊ ዋልታ
................
Noordpol

**ደቡባዊ ዋልታ**

Süüdpol

**አንታርቲካ**

Antarktis

**ምድሪ**

Eerd

**መሬት**

Land

**ባሕሪ**

See

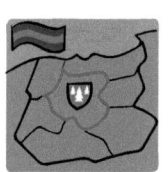

**ደሴት**

Eiland

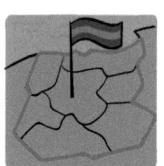

**ሃገር**

Natschoon

**ዓዲ**

Staat

ገጽ ሰዓት

Tallenblatt

አመልካቲ ሰዓታት

Stunnenwieser

አመልካቲ ደቃይቕ

Minutenwieser

አመልካቲ ካልኢት

Sekunnenwieser

ሰዓት ክንደይ አሎ?

Wo laat is dat?

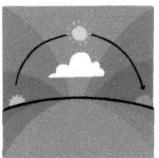

መዓልቲ

Dag

ግዜ

Tiet

ሕጂ

nu

ዲጊታል ሰዓት

digetaalsch Klock

ደቒቕ

Minuut

ሰዓት

Stunn

# Week

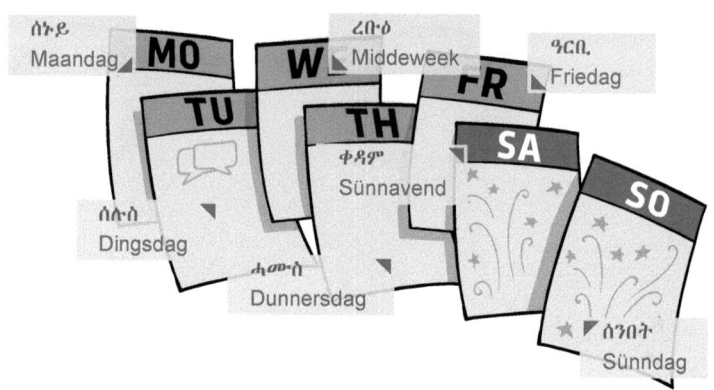

ሰኑይ
Maandag

ሰሉስ
Dingsdag

ሓሙስ
Dunnersdag

ረቡዕ
Middeweek

ቀዳም
Sünnavend

ዓርቢ
Friedag

ሰንበት
Sünndag

ትማሊ
güstern

ሎሚ
hüüt

ጽባሕ
morgen

ንጎሆ
Morgen

ቀትሪ
Meddag

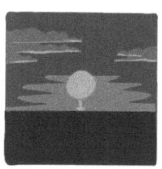

ምሸት
Avend

መዓልታት ስራሕ
Arbeitsdaag

መወዳእታ ሰሙን
Wekenenn

# ዓመት

# Johr

ዝናብ
Regen
ቀስተ-ደመና
Regenbagen
ንፋስ
Wind
በረድ
Snee
ጽድያ
Fröhjohr
ሓጋይ
Sommer
ቀውዒ
Harvst
ክረምቲ
Winter

4.APRIL 11°
5.APRIL 4°
6.APRIL 13°
7.APRIL 8°
8.APRIL 10°

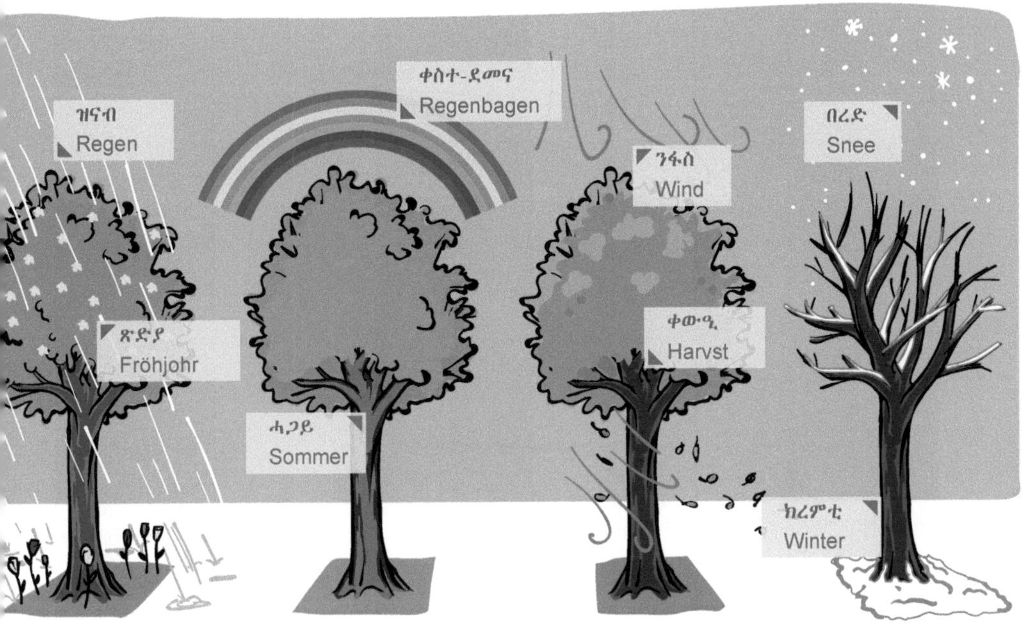

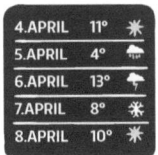

ትንቢት ኩነታት ኣየር

Wedervörhersaag

F C
120 40
90 30
60 20
30 10
0 0
-30 -10
-20

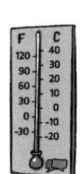

ቴርሞመተር

Thermometer

ብርሃን ጸሓይ

Sünnenschien

ደበና

Wulk

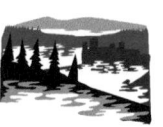

ግመ

Nevel

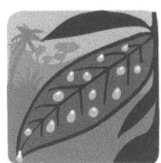

ጠሊ

Luftfuchtigkeit

ብርቂ
.................
Blitz

ነጎዳ
.................
Dunner

ህቦብላ
.................
Storm

በረድ
.................
Hagel

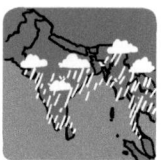

ብርቱዕ ህቦብላ
.................
Monsun

ውሕጅ
.................
Floot

በረድ
.................
Ies

ጥሪ
.................
Januormaand

ለካቲት
.................
Februormaand

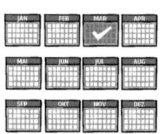

መጋቢት
.................
Martmaand

ሚያዝያ
.................
Aprilmaand

ጉንበት
.................
Maimaand

ሰነ
.................
Junimaand

ሓምለ
.................
Julimaand

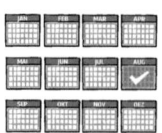

ነሓሰ
.................
Augustmaand

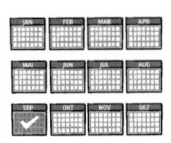

መስከረም
...................
Septembermaand

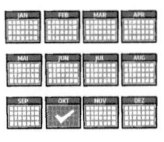

ጥቅምቲ
...................
Oktobermaand

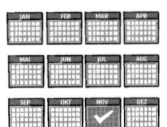

ሕዳር
...................
Novembermaand

ታሕሳስ
...................
Dezembermaand

# ቅርጻታት

# Formen

ዙርያ
...................
Krink

ትርብዒት
...................
Quadrat

ቅኑዕ ርቡዕ ኵርናዕ
...................
Rechteck

ስሉስ ኵርናዕ
...................
Dreeeck

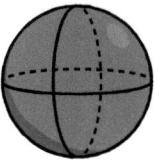

ክቢ
...................
Kugel

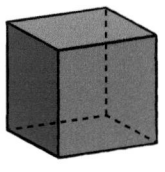

ኲቦ
...................
Wörpel

ጻዕዳ

witt

ብጫ

geel

ኣራንሺ

orangsch

ፒንክ

pink

ቀይሕ

root

ጆኽ

lila

ሰማያዊ

blau

ቀጠልያ

gröön

ቡናዊ

bruun

ሓሙኽሽታይ

gries

ጸሊም

swart

ብዙሕ / ውሑድ

veel / wenig

ሕሩኞ / ሰላማዊ

böös / verdreeglich

ጽቡኞ / ክፉእ

smuck / mies

መጀመርያ / መወዳእታ

Begünn / Enn

ዓቢ / ንእሽቶ

groot / lütt

ብሩህ / ጸልማት

hell / düüster

ሓው / ሓፍት

Broder / Süster

ጽሩይ / ርሳሕ

schier / schietig

ምሉእ / ዘይምሉእ

kumpleet / nich kumpleet

መዓልቲ / ለይቲ

Dag / Nacht

ሙዊት / ህልው

doot / lebennig

ሰፊሕ / ጸቢብ

breet / small

ደስ ዘበል / ደስ ዘይብል
geneetbor / nich geneetbor

እኩይ / ህያዋይ
böös / fründlich

ርቡጽ / ስልኩይ
fickerig / langwielt

ረጊድ / ቀጢን
dick / dünn

ቀዳማይ / ናይ መወዳእታ
toeerst / toletzt

ዓርኪ / ጸላኢ
Fründ / Fiend

ምሉእ / ባዶ
vull / leddig

ተሪር / ልስሉስ
hart / week

ከቢድ / ፈኩስ
swoor / licht

ጥምየት / ጽምየት
Smacht / Döst

ሕሙም / ጥዑይ
krank / gesund

ዘይሕጋዊ / ሕጋዊ
nich na't Recht / na't Recht

መስተውዓሊ / ስዲ
klook / dummerhaftig

ጸጋም / የማን
linkerhand / rechterhand

ቐረባ / ርሑቕ
neeg / feern

ሓዲሽ / ብሉይ
...................
nieg / bruukt

ዋላ ሓደ / ገለ
...................
nix / wat

ዓቢ/ኣረጊት / መንእሰይ
...................
oolt / jung

ወልዕ / ኣጥፍእ
...................
an / ut

ክፉት / ዕጹው
...................
apen / slaten

ህዱእ / ዓው
...................
lies / luut

ሃብታም / ድኻ
...................
riek / arm

ቅኑዕ / ግጉይ
...................
richtig / verkehrt

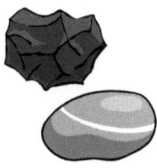

ሓርፋፍ / ልሙጽ
...................
ruug / glatt

ጉሁይ / ሕጉስ
...................
trurig / glücklich

ሓጺር / ነዊሕ
...................
kort / lang

ቀስ / ቅልጡፍ
...................
suutje / flink

ጥሉል / ንቑጽ
...................
natt / dröög

ምዉቕ / ዝሑል
...................
warm / köhl

ውግእ / ሰላም
...................
Krieg / Freden

| 0 | 1 | 2 |
|---|---|---|
| ዜሮ | ሓደ | ክልተ |
| null | een | twee |

| 3 | 4 | 5 |
|---|---|---|
| ሰለስተ | አርባዕተ | ሓሙሽተ |
| dree | veer | fief |

| 6 | 7 | 8 |
|---|---|---|
| ሽዱሽተ | ሸውዓተ | ሸሞንተ |
| söss | söven | acht |

| 9 | 10 | 11 |
|---|---|---|
| ትሽዓተ | ዓሰርተ | ዓሰርተ ሓደ |
| negen | teihn | ölven |

# 12

ዓሰርተ ክልተ

..................

twölf

# 13

ዓሰርተ ሰለስተ

..................

dörteihn

# 14

ዓሰርተ አርባዕተ

..................

veerteihn

# 15

ዓሰርተ ሓሙሽተ

..................

föffteihn

# 16

ዓሰርተ ሽዱሽተ

..................

sössteihn

# 17

ዓሰርተ ሽውዓተ

..................

söventeihn

# 18

ዓሰርተ ሸሞንተ

..................

achtteihn

# 19

ዓሰርተ ትሽዓተ

..................

negenteihn

# 20

ዕስራ

..................

twintig

# 100

ሚእቲ

..................

hunnert

# 1.000

ሽሕ

..................

dusend

# 1.000.000

ሚልዮን

..................

million

እንግሊዝኛ

Engelsch

አሜሪካዊ እንግሊዛዊ

Amerikaansch Engelsch

ቻይናዊ ማንዳሪን

Chineesch Mandarin

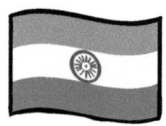

ሂንዳዊ

Hindi

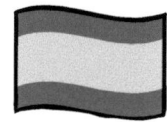

እስጳኛዊ

Spaansch

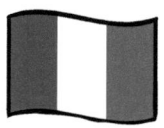

ፈረንሳዊ

Franzöösch

ዓረባዊ

Araabsch

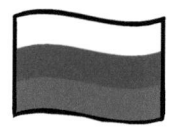

ሩሲያዊ

Rusch

ፖርቱጋላዊ

Portugiesch

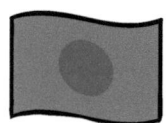

በንጋሊ

Bengaalsch

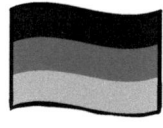

ጀርመናዊ

Düütsch

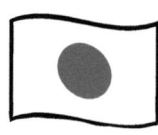

ጃፓናዊ

Japaansch

አነ

ik

ንስኻ/ኺ

du

♂ ♀ ○

ንሱ / ንሳ / ንሱ

he / se / dat

ንሕና

wi

ንስኻ

ji

ንሳቶም

se

መን?

keen?

እንታይ?

wat?

ከመይ?

woans?

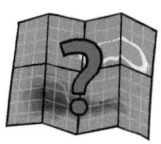

አበይ?

woneem?

መዓስ?

wannehr?

HELLO, I AM

ሽም

Naam

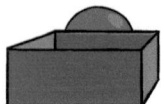

ድሕሪ

achter

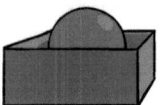

ኣብ

in

ኣብ ቅድሚ

vör

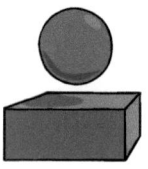

ኣብ ላዕሊ

över

ኣብ ልዕሊ

op

ትሕቲ ምድሪ

ünner

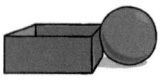

ኣብ ጥቓ

blangen

ኣብ መንጎ

twüschen

ቦታ

Oort